叢書インテグラーレ
023

翻訳者・媒介者としての外国籍・外国ルーツの行政職員
―現場にみる期待・役割・課題

広島大学総合科学部…編

長坂 格…編著

目　　次

序章　翻訳者・媒介者としての外国籍・外国ルーツの行政職員

1. 移民政策の担い手となる外国籍・外国ルーツの人々 ……………… 1
2. 翻訳者としての外国籍・外国ルーツの行政職員 ……………… 4
   - 2-1　翻訳者としての行政職員 ……………………… 4
   - 2-2　人と人、人と制度をつなぐ ……………………… 5
3. 本書の内容 …………………………………………… 10

第 1 章　地方自治体における外国籍・外国ルーツ職員の雇用
―全国雇用実態調査及び自治体への聞き取り調査からの概観―

1. はじめに …………………………………………………… 19
2. 外国籍・外国ルーツ職員の雇用実態調査 …………………… 19
3. 自治体への聞き取り調査 …………………………………… 25
   - 【A】人口規模小／外国籍住民人口比率低の自治体 ………… 26
   - 【B】人口規模中／外国籍住民人口比率低の自治体 ………… 27
   - 【C】人口規模大／外国籍住民人口比率低の自治体 ………… 30
   - 【D】人口規模小／外国籍住民人口比率中の自治体 ………… 31
   - 【E】人口規模中／外国籍住民人口比率中の自治体 ………… 32
   - 【F】人口規模大／外国籍住民人口比率中の自治体 ………… 34
   - 【G】人口規模小／外国籍住民人口比率大の自治体 ………… 37

i

【H】人口規模中／外国籍住民人口比率大の自治体 ………… 39

【I】人口規模大／外国籍住民人口比率大の自治体 ………… 41

4. おわりに ………………………………………………………… 44

第2章　外国籍行政職員の活躍に向けて
―静岡県袋井市と焼津市の事例―

1. はじめに ………………………………………………………… 47

2. 増加する外国籍職員 …………………………………………… 49

2-1　外国籍職員採用と国籍要件 …………………………… 49

2-2　民団の調査結果 ………………………………………… 53

2-3　小括 ……………………………………………………… 56

3. 静岡県の自治体における外国籍職員 ……………………… 57

3-1　静岡県袋井市の事例 …………………………………… 58

3-2　静岡県焼津市の事例 …………………………………… 61

3-3　小括 ……………………………………………………… 63

4. おわりに ………………………………………………………… 64

第3章　技能実習生の受け入れ促進をめぐるベトナム人会計年度
任用職員の役割―「選ばれ続ける」まちをめざす岡山県美作市―

1. はじめに ………………………………………………………… 69

2. 地方部における技能実習生への依存の高まり …………… 71

3. 過疎地域における外国人住民の「散住傾向」がもたらす影響 … 73

4. 美作市におけるベトナム人技能実習生の受け入れ促進 ……… 75

4-1　美作市の概要 …………………………………………… 75

4-2　市の主導によるベトナム人技能実習生の誘致 ……… 77

4-3　ベトナム人技能実習生の受け入れ体制整備 ………… 78

5. ベトナム人会計年度任用職員にとっての技能実習生受け入れ政策 …… 79

5-1　フックさん（仮名）の着任までの経緯 ……………… 79

5-2　多岐にわたる業務の内容 ……………………………… 80

　　5-3　会計年度任用職員の業務に対するフックさんの意識 …… 82

　　5-4　将来展望 …………………………………………………… 84

　6.　翻訳者としてのベトナム人会計年度任用職員 …………………… 85

第4章　母語支援員の役割の現状とその課題
―学校と移民家庭の翻訳者として―

　1.　はじめに ………………………………………………………… 91

　2.　自治体による多様な取り組み ………………………………… 93

　3.　方法と対象者 …………………………………………………… 96

　　3-1　方法 ………………………………………………………… 96

　　3-2　X市の母語支援員 ………………………………………… 98

　4.　母語支援員の役割 ……………………………………………… 99

　　4-1　子どもの心のサポート …………………………………… 99

　　4-2　学校と保護者の間で ……………………………………… 100

　　　　コミュニケーションの手助け／「文化」を理解する味方としての
　　　　葛藤／教員とは異なる視点から子どもを捉える

　　4-3　学校とコミュニティの間で ……………………………… 106

　　　　不都合なことを伝えてしまう役割／コミュニティの資源を活かす

　5.　母語支援員という役割の課題と可能性 ……………………… 110

　　5-1　課題 ………………………………………………………… 110

　　5-2　可能性 ……………………………………………………… 112

　6.　おわりに ………………………………………………………… 114

第5章　高齢化した中国残留孤児家族と支援者・専門
職を繋ぐ―中国帰国者支援・交流センター職員―

　1.　はじめに ………………………………………………………… 117

　2.　中国帰国者 ……………………………………………………… 118

| 2-1 | 中国残留邦人 | 118 |
| 2-2 | 永住帰国と新たな支援策 | 119 |
3. 中国帰国者支援・交流センター ……………………………… 123
4. 生活相談員へのインタビュー ………………………………… 125
5. 帰国者と制度をつなぐハブとして ……………………………… 133
6. おわりに ………………………………………………………… 135

第6章　外国籍市民が地域おこし協力隊隊員として働くのはなぜか？—任用自治体と外国籍地域おこし隊員から見た初歩的検討—

1. はじめに ………………………………………………………… 141
2. 地域おこし協力隊制度 ………………………………………… 143
3. 外国籍隊員 ……………………………………………………… 144
4. 自治体側が語る外国籍隊員 …………………………………… 147
5. 外国籍隊員が語る地域おこし協力隊制度 …………………… 152
6. 両者にみる外国籍隊員増加の理由 …………………………… 156
7. おわりに～翻訳者としての可能性と今後の課題 …………… 157

おわりに—外国籍・外国ルーツ行政職員の役割、課題、可能性— …… 165

執筆者一覧 ……………………………………………………… 171

序章

翻訳者・媒介者としての外国籍・外国ルーツの行政職員

長坂　格

1. 移民政策の担い手となる外国籍・外国ルーツの人々

　1990年代以降、日本に就労・居住する国際移住者数は増加の一途をたどっている。在留外国人統計（旧登録外国人統計）によれば、日本に居住する外国籍者数は、1989年の出入国管理及び難民認定法の改定を大きな契機として、1990年の約107万人から、2023年6月の約322万人へと大幅に増加した。2023年の在留資格別の構成比に注目すると、永住者が27.3％で最大となっており、1990年代以降に来日し、日本の地域社会に定住する外国籍住民が確実に増加している状況が浮かび上がる（出入国在留管理庁 2023）。また、帰化者や移民第二世代、第三世代の増大に伴い、外国ルーツの人々の法的地位や就学・就業経験の多様化も顕在化しつつある（樋口・稲葉 2023）。

　1990年代以降に増大し、そのニーズも多様化してきた外国籍、外国ルーツの人々に関わる諸政策に関しては、これまで様々な角度から多くの研究がなされてきた。それらの研究では、政府や政府諸機関、地方自治体が、日本に暮らす外国籍や外国ルーツの人々をいかに日本社会に編入、統合しようとしてきたのか、あるいはしてこなかったのかが、法律や行政文書、各アクターの動きなどを資料として検討されてきた[1]。また、それらの様々な政策、あるいは政策の欠如が、国際移住者たちの生活や就学、就労状況にどのような影響を及ぼしてきたかについても、移住者たちへの調査にもとづいた多くの実証研究が積み重ねられてきた[2]。本書が関心をよせる、いわゆる多文化共生推進

政策についても、地方自治体の取り組みを中心に、少なくない数の論考が刊行されてきている[3]。

　しかしこうした移民政策を扱った研究の多くは、政策の内容に注目するにしても、それら諸政策の移住者たちへの影響に注目するにしても、外国籍・外国ルーツの人々を、専ら「移民政策の受け手」として描く傾向があったと言える。そのような研究動向のなかで、本書が注目したいのは、日本における外国籍・外国ルーツの人々が、外国人窓口相談員や母語支援員などとして地方自治体や行政機関において雇用され、移民政策の実施に携わることが増えていることである。言い換えれば私たちが本書で焦点を当てるのは、支援ニーズの高まりに呼応する形で、日本の各地方において、外国籍・外国ルーツの人々が、「移民政策の受け手」であるだけでなく「移民政策の担い手」ともなる機会が、少しずつであっても確実に増えてきているという事態である。

　私たちがこうした問題関心を持つきっかけとなったのは、本書の編者である長坂と執筆者の一人である高畑が関わった、国際共同研究での調査経験である。長坂と高畑は、2010年代に、フィリピンから異なる国に学齢期に移住した人々の移住経験を比較する国際共同研究や、東アジアにおける移住者の子どもたちの社会的包摂に関する国際共同研究に参画した。それらの共同研究では、日本各地で、フィリピンにルーツを持つ子どもたちへの支援を行う自治体や市民団体への聞き取り調査を実施した。調査をすすめていく過程で、製造業の工場などが集中する、そしてそれゆえに外国籍住民人口比率が高い、静岡県浜松市や岐阜県可児市の国際交流協会などを訪れ、話を聞く機会があった。それらの調査からは、外国人が集住する地域の地方自治体において、外国籍・外国ルーツの人々が自治体や自治体の外郭団体に様々な形で雇用され、多文化共生に関連する施策の実施に携わっていることが浮かび上がってきた。そうした調査を通して、私たちは、それら外国籍・外国ルーツの行政職員[4]たちが移民政策実施において果たしている役割について調べていくことが、移民政策がどのような形

で現実化するのかという移民政策研究に関わる問い、さらには、より包摂的な社会をいかに形成していくかという実践的な問いへの取り組みにつながるのではないかという、本書に通底する問題意識を持つようになった。

　以上の問題意識のもと、本書では、これら「移民政策の受け手」でありながら「移民政策の担い手」ともなっている、行政機関において様々な形で雇用されている外国籍・外国ルーツの行政職員に注目し、次のような問いに取り組んでいきたい。外国籍・外国ルーツの職員が、地方自治体や行政機関においてどの程度、いかなる形で雇用され、移民政策に関わるどのような業務に携わっているのか。それらの職員の雇用は、移民政策の実施にどのような影響を与えており、また雇用される職員自身にとって、さらに外国籍・外国ルーツの地域住民にとってどのような意味を持っているのか、あるいは持ちうるのか。そしてそれら職員の雇用には、行政機関や自治体にとって、あるいは職員自身にとってどのような課題があるのか。

　本書は、上で述べたような日本でのささやかな調査経験から着想を得た編者が、いわゆる多文化共生政策に何らかの形で関わってきた、研究キャリアも専門も異なる研究者に声をかけて組織した、学際的な共同研究の成果の一部として執筆された。共同研究を始めた当初、私たちは、日本の地方自治体や行政機関でどの程度、そしてどのような形で外国籍・外国ルーツの職員が雇用されているか、見当すらつかなかった。そのため、2022年2月に、全国の外国籍住民人口が100人以上の自治体を対象としてアンケート調査を実施して全体傾向を大まかに把握することから始めた（第1章）。その調査結果を受けて、共同研究のメンバーがそれぞれの調査経験や実践経験、問題関心に即して異なる現場で聞き取りや観察を行った。第2章以下では、執筆者がそれぞれの現場で行った調査にもとづき、上記した外国籍・外国ルーツの行政職員の役割、可能性、課題に関する問いに取り組んでいく。

序章　翻訳者・媒介者としての外国籍・外国ルーツの行政職員　　3

2. 翻訳者としての外国籍・外国ルーツの行政職員

2-1 翻訳者としての行政職員

　地方自治体や行政機関における外国籍・外国ルーツの職員の役割に焦点を当てるに際して、本書では、まず、開発人類学において提起された「翻訳者」（translators）という概念を参照してみたい。モスとルイスは、編著書『開発の媒介者と翻訳者——援助と機関の民族誌』の序論において、アクターネットワーク理論で知られるラトゥールの翻訳の概念に着想を得つつ、開発現象における翻訳と媒介に焦点を当てている。モスらの関心は、開発プロジェクトの実施において、人々が既存の仕組みのなかでどう振る舞うのかではなく、開発プロジェクト自体が、様々な立場にある人々らによる翻訳や媒介を経ていくなかでどのような形で現実化していくのかという点に向けられる。

　ここでの翻訳とは、アクターが、他のアクターの関心や発想、そしてモノなどを結び付け、相互に巻き込んでいくことを指す（Moss and Lewis 2006：13-15；cf. 久保 2019：49）。そうした観点からは、ある開発プロジェクトが、計画や政策に沿って実施されて、その結果成功したように見えたとしても、そこにおける計画と結果の一貫性はアプリオリに前提とされるべきではないとされる。開発計画とその結果の間には、異なる合理性や関心を持った人々の間での、あるいは人々とモノとの間での種々の翻訳や媒介があり、開発プロジェクトは、それらの幾多の翻訳や媒介を経て生成変化し、やがて現実化していくものとして捉えられる。そして異なる関心を持つ人々と制度、モノを相互につなぎ、巻き込んでいくことによって、開発プロジェクトの現実化に、ときに重要な、ときにささやかな役割を果たすのが、レシピエントとドナーの狭間に立つ翻訳者・媒介者（以下、翻訳者と記す）たちである（Moss and Lewis 2006）。

　私たちは、このような開発人類学における翻訳者というアイデアを移民政策の実施現場の研究に活かすことで、移民政策と政策の現実化

の間にある、雑多で、時に一貫性を欠くようなプロセスと、そうしたプロセスにおける外国籍・外国ルーツの職員の役割を調査の焦点として浮上させることができるのではないかと考えている。一般に、自らが生まれ育ち、社会化された土地を離れ、別の場所に長く住む移民や亡命者たちは、苦難の体験や移住先への困難な適応を余儀なくされるなかで、自らのうちに、少なくとも2つ以上の、複数のヴィジョンを持つようになると考えられる（Said 2013；Constable 1999：224）。そのことは、移住生活における様々なジレンマをもたらしうる一方で、それら移民たちに、複眼的に、あるいは多角的にものごとを捉えることを可能にするとも言える[5]。本書では、そのように複数のヴィジョンを自らのうちに持ちつつ、移民政策の実施に携わる外国籍、外国ルーツの行政職員を、異なる立場にある人々の関心や制度を結び付けていく翻訳者として捉えてみたい。すなわち、それら職員が、政策実施の現場において、政策や制度に含まれる期待と、自らが持つ複数の合理性や関心との間で交渉を行いながら、どのように政策と諸制度、そして立場を異にする人々を結びつけているのか、そしてそのプロセスにおいて諸政策がどのような形で現実化していくのかに焦点を当てたいと考えている。

2-2 人と人、人と制度をつなぐ

　以上のようにまとめられる本書の問題意識や研究視点を、より具体的な形で説明するため、ここである外国ルーツの元行政職員の移住経験と日本での就業経験を紹介してみたい[6]。

　エレナさんはブラジル生まれで、西日本に在住する50代の女性である。エレナさんは日系人であるアキラさんと結婚した。2人はブラジルの都市で、結婚後に小さな商店を経営し始めた。しかし商店が強盗被害にあったことや、日本で働いてブラジルで自分たちの家を持つことをアキラさんが強く望んだことから、夫婦での日本への移住を決断した。

　2人が日本にきたのは、日系移民およびその子孫と家族が定住者資

格で入国・就労することを可能にした改正入管法が施行された1990年、つまり「1990年体制」（明石2010）が駆動し始めた年であった。西日本のその地域であれば、夫婦2人ですぐに働くことが可能だとブラジルの派遣会社に言われ、エレナさんたちはその地域に住むことになった。当初、派遣会社からは、その地域での仕事は、愛知県や静岡県、群馬県の仕事よりも給料が低いと言われていた。ただ、実際に日本に来て自動車部品工場で働いてみると、給料は言われていた額より高かったので、その地域に定着して働くことにしたという。エレナさん夫婦は、その工場で働く最初のブラジル人だった。その後、同じ工場で働くブラジル人は、3か月間で80人にまで増えた。

　当初、人手が足りなかったため、エレナさんは工場内で、通常は男性が担当するような重労働をしていた。ただ手袋は女性用のやや短いものを使用していたこともあり、仕事中、腕に怪我をした。怪我をしたとき、日本の派遣会社の社員がエレナさんを市役所に連れて行った。当時、日本語が多少できた夫も一緒に行った。市役所では、それまで2人が国民健康保険に加入していなかったため、来日時に遡って加入することになった。その際、市役所の職員から、「国民健康保険だけでなく、年金も支払う必要がある」と言われた。しかし派遣会社の社員が、「この人たちはブラジルに帰るのだから年金は支払う必要はない」と市役所職員に言ったことで、エレナさん夫婦はその後6年間、年金の掛け金を支払うことはなかった。そのときのことについて彼女は以下のように回想する。

　　年金はどうしても払わないといけないと今はわかってる。でもあの時、派遣会社が「払わなくていい」って言った時、本当は市役所の人も厳しく言わないといけないと思うんですね。「いやそうじゃないんですよ、帰国しても今は日本にいるから払わないといけない」って言ってくれれば、私たち払うと思うんですけどね。払わなくていいって言われたら、じゃあ選べるなら払いたくないんですよね。だから最初の6年間（年金の支払いは）ゼロ。

エレナさんは、長子を出産した後、日本の景気も悪かったため、ブラジルに2年ほど住んでいた時期がある。アキラさんも一時帰国したが、アキラさんがブラジルでよい仕事を見つけられなかったこともあり、再び2人で日本に行き、働くことになった。日本に先に戻ったアキラさんは、友人の紹介で以前と同じ地方の別の町の会社に職を得た。その職場でアキラさんは「正社員」といわれていたが、実は日本人の他の正社員と異なり、社会保険がつけられていなかった。一方、遅れて日本に来て、別の町の会社に就職したエレナさんには、当初から社会保険がつけられていた。そこでエレナさんが長子を扶養家族に入れたいと会社の社長に相談し、アキラさんが社会保険に加入していない事情も話した。その事情を聞いたエレナさんの勤め先の会社の社長が、アキラさんが勤める会社の社長に直接連絡したことで、アキラさんも社会保険に加入できることになったという。

　日本にきて15年がたったころ、エレナさんは、夫と中学生になっていた長子と話しあい、ブラジルと日本のいいところ、悪いところを挙げ、これからどちらに住むかについての話し合いを行った。みなブラジルは「大好き」であったが、これから住むならば日本だという結論に至り、日本で家を新築し、第二子を含めて家族4人で日本に帰化することとなった。

　一戸建ての家を新築した後、通っていた教会の日本人の知り合いから、市の外国人相談窓口で通訳を募集しているという話を聞いた。応募すると採用され、週1回4時間で勤務することになった。相談員は「手伝いをする仕事」で「大好きな仕事」であったが、週4時間の勤務では十分な収入というには程遠かった。また、リーマンショックによる不況で、就職が決まっていた工場での仕事もなくなってしまった。ただその頃、不況の影響で相談窓口への相談件数が急増しており、じきに相談員の勤務日が週3回となった。

　相談員の仕事では、相談者に同行してハローワークや年金事務所に通訳に行くこともあった。そのうちハローワークから「通訳として働かないか」と声がかかり、週1日勤務することになった。ハロー

序章　翻訳者・媒介者としての外国籍・外国ルーツの行政職員　7

ワークの通訳の時給は当時の市の相談員の時給の「倍以上」であった。さらに別のハローワークで通訳として勤務するブラジル人と教会で会ったとき、その別のハローワークでも働かないかと言われ、そこでも週1回働くことになった。結局、後に加わったもう1つを含め、3か所のハローワークで9年間働くことになった。相談員の仕事は週2日勤務にしてもらった。

　リーマンショックのときは、たくさんのブラジル人がハローワークに相談に訪れた。1つのハローワークでは、2人の通訳だけで、1日に60人の相談に対応したこともあった。相談で一番困ったのは、「外国人を社会保険に入れてくれない会社が多いこと」だった。そうすると「もちろん失業保険も払っていない」ので、失業保険も受け取れない。そうした場合、遡って加入することができることを会社に説明し、相当額を支払うように電話で説得することもしばしばであった。失業して会社に提供されていた住居を追い出されそうな人で、近くに親戚もおらず、駆け込み先のない人のために、会社に連絡して「もうちょっと我慢してください。1カ月で何とかしますから」といって住居の退去期限を延長してもらったこともあった。

　その時期には、多くの人に対して失業保険の手続きをし、職業訓練について説明したり、次の仕事を紹介したりした。次の仕事を探すためには、履歴書が必要となるが、日本語で履歴書が書けない人もたくさんいた。しかしその頃、ハローワークでは相談件数が多すぎて履歴書の作成までは支援できなかった。そこで、ポルトガル語での履歴書を準備してもらい、自分が相談員をしているときに市の外国人相談窓口にくるようにいって、相談窓口で履歴書を日本語に翻訳したりすることもあった。

　この仕事をして、「あなたのおかげで私はうまくいった」と言われることもあり、収入面以外でも、やりがいを感じることもあった。日本に来たばかりの、何もわからなかった頃の自分の経験を思い出すと、今もわからない人達のために何かしたいという思いもある。また、自分も周りの人も問題の解決策がわからないときに、たとえば年

金事務所などにいってそこで詳しい説明を受けて解決策を見いだした
ときなどは、「皆が喜ぶ」ので、この仕事が「好き」だとも述べる。

　他方、不況で相談が多かったときは時間外に自分の私用電話に電話
がかかってくることも少なからずあった。仕事が多いと、夜に小学生
の子どもの宿題を手伝うこともできなかった。帰宅してからも居間の
ソファに座って考え事をする時間も多く、仕事の多さと重圧は「家族
の問題」にもなった。また、9年間のハローワークでの仕事の大半の
期間は、週に合計 28 時間の勤務であり、当時、社会保険がついてい
なかった。そのことについては、今でも残念に思っているという。

　エレナさんの経験の語りには、本書のテーマに関わるいくつかの重
要なポイントが含まれている。まず指摘できるのが、エレナさんが、
自分自身のブラジルと日本での生活就労経験を踏まえたうえで、日本
の制度に関する知識や、制度運用のための社会関係資本を蓄積し、失
業や経済的困窮といった相談に対応していることである。彼女は、相
談窓口でも、ハローワークでも、相談に来た人の事情を、例えば近く
に頼ることができる親戚がいるかどうかなど、日本在住のブラジル人
のライフスタイルとの関連で把握したり、外国人を失業保険に加入さ
せない会社が多いという自らと周囲の経験に照らし合わせて把握した
りする。そして、2 つの職場でそれまでに蓄積した、あるいはその際
に新たに獲得する諸制度に関する知識を活用して、外国人を雇用する
会社との交渉を行うとともに、相談者を、諸制度を担当する役所の
各部署へとつないでいく。また、1 つの市のなかで 2 つの職場を持っ
ていたエレナさんは、ハローワークと市の外国人相談窓口という 2
つの制度の間を橋渡しして、彼女なりのやり方で相談対応を充実化さ
せていた様子も窺える。そこでは、外国人相談窓口対応といった多文
化共生政策や、失業保険の適用といった労働政策が、こうした彼女に
よる、複数の職場での数々の支援や助言、そしてつなぐ行為によって
現実化していたと言える。

　加えて、外国人相談窓口やハローワークの仕事が、エレナさんに
とって「人を助ける」「好きな仕事」となっていたことにも注目した

序章　翻訳者・媒介者としての外国籍・外国ルーツの行政職員　　9

い。このことは、複数の言語の運用能力を持つだけでなく、社会福祉など、日本の諸制度に関する知識の蓄積に積極的であり関係部署との折衝を厭わない、そして支援活動にやりがいを感じるエレナさんのような人が、外国につながる人々のコミュニティのなかに存在する可能性、そしてそうした人々の登用が、生活や就労に関する諸制度の、人々のニーズや生活実態により即した形での運用につながる可能性を示唆していると思われる。

　他方で、エレナさんの雇用については、相談窓口とハローワークにおいて給与水準の違いが大きく、特に相談窓口の通訳・相談業務の給与額が低いこと、給与額が相対的に高かったハローワークにおいても、当時、社会保険の加入がなされていなかったことなど、待遇面での重要な課題が垣間見えた。また、仕事の多さや重圧が、家族生活に影響を及ぼしている様子も窺われた。

　総じてエレナさんの語りは、外国にルーツをもつ行政職員が、多文化共生推進政策や社会福祉政策などを現実化していく重要なアクターとなっていること、そうした人々の登用が多文化共生推進政策などのより細やかで効果的な運用につながりうること、しかしそれらの人々の行政機関での雇用には待遇面や過剰な負担の問題など、重要な課題も多々見られることを示している。以下に続く本書の各章では、この語りに見られるような外国籍・外国ルーツの職員の雇用が持つ可能性と課題が、いくつかの現場においてどのように表れているのかが報告されていくことになる。

3. 本書の内容

　最後に本書の内容を紹介しておきたい。

　第1章では、長坂と高畑が、2022年2月に、外国籍人口が100人以上の全国の市区町村を対象として実施し、652の自治体から回答を得た「地方自治体における外国籍・外国ルーツ職員の雇用実態調査」（以下、実態調査）、およびその後の、人口規模や外国籍住民比率の異

なる 13 の市区町村を対象として実施した聞き取り調査の結果を報告している。実態調査では、外国籍住民人口比率が高い自治体において、日本語指導が必要な児童生徒に日本語を教える、あるいは外国籍住民の生活支援・相談対応をする外国籍・外国ルーツの職員が雇用される傾向があることなどが明らかになった。聞き取り調査の記述では、そうした全体傾向のなかで、人口規模や外国籍住民人口比率を異にするそれぞれの自治体がどのような形で多文化共生関連の施策を実施しているか、そしてそのなかで外国籍・外国ルーツの職員がどのような役割を果たしているかなどが紹介される。

　第 2 章では、高畑が、先行研究にもとづき正規職員採用時の国籍要件を外す地方自治体の動きを歴史的に概観した後、静岡県の 2 つの市の職員の採用についての事例を紹介、検討している。高畑が調査を実施した袋井市では、市長のイニシアチブのもと、2018 年と 2019 年に常勤一般職の外国籍特別枠での募集を行い、2024 年度後期にも同様の募集をしている。その枠で採用された職員には 5 年の任期があるが、任期終了後は任期の定めのない職員の採用試験を受験することができる。現在は、中国国籍とブラジル国籍の 2 名が国際交流や学校教育に関わる業務に携わっている。その 2 名の職員は、言語運用能力を活かした姉妹都市交流の推進や、自らの経験を活かしながらの、外国ルーツの子どもや保護者、教職員への支援にあたっている。また、それら外国籍の職員は、地域に居住する外国ルーツの子どもたちのロールモデルにもなっているという。

　他方、焼津市では 2016 年に、当時モンゴル在住で、日本語専攻で大学を卒業したモンゴル国籍の 1 名が、東京オリンピック・パラリンピックのモンゴル代表選手団の受け入れ準備のために嘱託職員として採用された。3 年の嘱託職員としての任期終了後には、正規の任期付き職員として再任されている。現在は同市の国際交流などに関わる業務を行い、言語の通訳のみならず、両国の行政機関における働き方やコミュニケーションのし方の違いを双方に伝えるなど、市の国際交流の円滑な展開に貢献しているという。

いずれの市の外国籍職員も翻訳者としての役割を果たしている様子が窺われるが、袋井市の事例は、ニューカマー人口が多い自治体が外国籍の職員を特別枠で常勤一般職の職員として採用する事例として、焼津市の事例は、日本語に堪能な外国籍職員を交流先の国から直接採用する事例として特徴的であり、注目に値する。

第3章では、二階堂が、岡山県美作市で、ベトナム国籍の職員が、技能実習生の受け入れ体制の整備、および自治体の国際交流の促進に果たしている役割について論じている。近年、高齢化、過疎化に直面する地方では、技能実習生を雇用し、地域産業の生き残りを図る例が多く見られる。美作市でも、2010年代半ばより、自治体主導でベトナム人技能実習生を積極的に受け入れるようになった。ただし美作市の施策は、「美作ベトナム交流事業」の推進を通して、実習生の受け入れ体制を整備するとともに、実習生たちの、別の在留資格を取得したうえでの将来の定住を図ろうとしているところに特徴があるという。

ベトナムとの交流事業をすすめていくに際して、美作市は、ベトナムのダナン大学との相互協力協定を締結し、2016年から同大学の日本語学科卒業生1名を任期付き職員として採用している。ベトナム人職員への聞き取りと参与観察にもとづき、二階堂は、ベトナム人職員が、生活相談や生活情報の翻訳、ベトナムの大学および政府関係者との交流事業、さらにはスポーツイベントや市民向けのベトナム語教室の開催など、多岐にわたる業務をカバーすることで、ベトナム人技能実習生の受け入れ体制の整備が促進されていること、さらに、市内在住のベトナム人同士、ベトナム人と地域住民との間の「顔の見える関係」の形成につながっていることを指摘する。

日本の地方自治体が、技能実習生の出身国の自治体などと覚書を締結し、技能実習生等の受け入れを積極的に推進しようとしている事例は、私たちがこの共同研究で訪問した自治体のなかでも、千葉県木更津市や神奈川県横須賀市で見られた[7]。また、出身国の大学で日本語を専攻した外国籍者を出身国から直接採用するという点では、第2

章で紹介された焼津市と同様である。ただそれらの自治体と比較すると、ここで紹介された美作市の試みは、日本語に堪能な外国籍の職員を交流先の国から直接採用し、過疎地域であるがゆえに不足する、外国籍住民たちの社会資源の強化を効果的にすすめようとしている点でユニークであり、興味深い。

第4章では、本間が、日本語指導が必要な児童生徒の母語を用いて、それら児童生徒への教育支援を行う、母語支援員の役割について論じている。国の支援事業の対象となっている母語支援員は、日本語指導が必要な児童生徒の増大に伴い、近年、採用する自治体が増える傾向にある。この章では、1980年代にフィリピンから来日し、日本で子育てを経験した後、通訳などを経て、10年ほど前に市の教育委員会に採用された1人の母語支援員、ベルさんの活動に焦点が当てられている。

本間が長年の参与観察と関係者への聞き取りを通じて詳細に描き出すのは、母語支援員であるベルさんが、日本語教室などで母語を用いた教育補助をするだけでなく、児童の話し相手になったり、児童の母親の行為の背景を教員に説明したりすることで、児童たちの学びや生活を包括的に支援する様子である。例えば、ベルさんは、学校や児童相談所と連携し、フィリピン系や地域のコミュニティからの協力も得ながら、問題を抱える児童の居場所づくりにも尽力していた。

政府による日本語指導が必要な児童生徒への「きめ細やかな支援事業」や自治体による外国籍等の児童生徒への教育支援施策は、母語支援員であるベルさんらによるこうした様々な翻訳の実践を通して現実化していると言えるだろう。他方で、責任と精神的負担が大きい仕事であるにもかかわらず、母語支援員の仕事では生計を維持するのに十分な収入を得ることができないこと、また社会保険もついていないことといった待遇面での問題は、外国籍・外国ルーツの職員の雇用に見られる重要な課題を照らし出している。

第5章では、河本が、中国帰国者の日本語学習、生活支援、介護などへの支援を行う中国帰国者支援・交流センターの生活相談員の役

割について論じている。同センターは、厚生労働省が各地の社会福祉協議会などに運営を委託して設置した施設である。厳密にいえばセンターは行政機関ではないが、行政から委託を受けて帰国者の生活支援を行う施設であり、本書の調査対象に含めることにした。

　聞き取りにもとづき河本が注目するのは、自身、中国帰国者二世である生活相談員のXさんによる、高齢期を迎える帰国者一世への支援のあり方である。センターで10年ほど勤務しているXさんのところには、帰国者から福祉、医療、介護に関わる様々な相談が寄せられる。Xさんは、その都度、相談者を行政の担当部署につなぎ、担当する行政職員には、相談の内容をその背景とともに説明する。また、介護が必要であるにもかかわらず介護保険制度を知らない高齢の帰国者一世には、制度を説明した上で、地域包括支援センターと連携し、自らが作成した二言語併記の資料を用いるなどして介護認定を受ける支援を行っていた。

　第4章の日本語指導が必要な児童生徒への支援と同様に、政府による中国帰国者の自立のための「新たな支援策」も、帰国者の歴史的背景や生活経験を理解したうえで、福祉制度や介護制度に関する知識を蓄積し、さらに行政や介護機関との関係を構築してきたXさんのような生活相談員の種々の翻訳実践を通して現実化しており、そのことが帰国者への細やかな支援につながっていると言える。他方で、制度に関する知識の蓄積や関係部署とのネットワーク構築には時間を要するため、職員の安定的な雇用や採用後の研修の充実が求められるという河本の指摘は、第4章で指摘されたものとは別の、外国籍・外国ルーツ職員の雇用にまつわる課題の存在を明るみに出している。

　第6章では、上水流が、自治体に地域おこし協力隊員として採用される外国籍隊員の活動について論じている。2009年に総務省が導入した地域おこし協力隊員制度は、元来、各自治体で採用された隊員が様々な地域協力活動を行うなかで、その地域に定住・定着してくことを図る制度であるが、近年、外国籍隊員の採用が増加している。それら外国籍隊員の「ミッション」は観光分野が多いものの、多文化共

生分野も見られるようになっているという。

　自治体側からは、予算の確保が容易であること、3年という任期で募集するため需要に応じて募集内容を変えられることなどが、外国籍隊員の採用の理由として挙げられていた。また、インバウンド観光の拡大に加えて、第3章でも論じられているような、近年の中山間地域や過疎地域での技能実習生の増加への対応として、外国籍隊員を募集している自治体もあるという。そうした自治体では、技能実習生のニーズや問題を探ることなどが外国籍隊員の役割として期待されていた。実際、隊員が実習生から話を聞くことで、条件の悪い通勤状況の改善に結び付いた事例もあった。一方外国籍隊員の側では、ウェブサイトで簡単に制度の情報が得られることが利点として挙げられた。また、日本での経験値や日本語レベルを向上させる機会として協力隊員の仕事を捉える者が多いという。

　上水流は、自治体、隊員双方が見出すメリットが一致した形で展開される外国籍隊員の雇用は、それら隊員の存在自体が住民の国外への関心を高めたり、隊員の働きかけが外国籍住民の日本の諸制度に関する理解を広げたりするなど、地域住民を巻き込んで新たな状況を生み出しつつあると評価する。他方で、外国籍隊員の受入れを通して行政の側が変わっていく、すなわち職場の多文化をすすめたり、多文化共生施策自体を再検討したりするといった政策や行政組織自体の変革に結び付くことはほとんどないことも指摘する。後者の指摘は、「移民政策の受け手」が「移民政策の担い手」になることで、施策や行政組織自体がどのように変革されていくのかという、本書ではほとんど追求できなかった重要な問いの存在を私たちに教えてくれる。

　以上の内容を持つ本書において、調査対象となった現場や事象には、外国籍職員を特徴的な形で雇用している地方自治体に加え（第2章、第3章）、教育委員会に雇用されて小学校等に派遣される母語支援員（第4章）、中国帰国者への様々な支援を行う中国帰国者支援・交流センターの生活相談員（第5章）、日本各地で雇用されている地

域おこし協力隊員など（第6章）、様々な行政機関、あるいは行政から委託を受けた機関、そして職種が含まれる。もちろん、コロナ禍にも見舞われた限られた期間で、少数のメンバーで実施された共同研究の成果である本書が、外国籍・外国ルーツの行政職員の雇用に関する網羅的な研究とはならないことは論をまたない。また、各章の執筆者は、日本の地方に立地する大学の教員として、地方自治体の、いわゆる多文化共生推進政策に専門委員などとして携わってきた経験を持つ者もいるが、移民政策研究や行政学を専門としてきたわけではない。それでも類似の問題関心にもとづいた調査研究が少ないなかで、私たちは、本書が各章の報告と考察を通して、外国籍・外国ルーツの行政職員の雇用および実践に着目することが持ちうる移民政策研究への意義や、それら行政職員の雇用がもたらしうる実践的意義を、そこに見出される多くの課題とともに、少しでも照らし出すことができればと思っている。

【注】
1）ここでは、現在、多くの地方自治体で実施されている多文化共生推進政策を含め、外国籍・外国ルーツの住民を対象とした諸政策を広義の移民政策として捉えている。日本の広義の移民政策の特徴と変遷に関する文献は多数に上る。まったく網羅的ではないが、ここでは、書籍に限り、筆者が日本の移民政策の変遷をたどる際に参照した文献を中心に、Milly（2014）、明石（2010）、加藤（2022）、上林千恵子（2015）、川村・近藤・中本編（2009）、近藤（2019）、髙谷編（2019）、毛受編（2016）を挙げておく。

2）注1同様、こちらのジャンルの文献も枚挙に暇がない。日本の移民政策の影響下で暮らす、外国ルーツの人々の状況を知るために、筆者が参照することが多い文献を書籍に限って挙げれば、梶田・丹野・樋口（2005）、清水（2006）、鈴木編（2021）、高畑（2024）、永吉編（2021）、三浦（2015）などがある。

3）地方自治体および地域コミュニティの調査にもとづいたものとして、例えば佐竹編（2011）、髙谷編（2022）、徳田・二階堂・魁生編（2023）などがある。

4）第1章でその結果を報告する、全国の自治体を対象としたアンケート調査では、外国籍・外国ルーツの行政職員を、「外国籍、あるいは帰化した日本国籍者であることが公然となっている職員」と定義して質問を行った。また、本書でいう行政職員とは、任期付きの臨時・非常勤職員といったいわゆる非正規職員、および2020年度の制度導入以降の会計年度任用職員を含む。なお、本書で述べられる外国籍・外国ルーツ職員の待遇

面での課題は、非正規公務員全体の問題と重なる部分が多いが（例えば上林陽治2015）、その点について本書では追及できておらず、今後の課題として残されている。会計年度任用職員制度については戸谷（2018）を参照。

5）竹沢は、類似の観点から、「国と国のはざまで二重・三重の苦境に追い込まれざるを得ない移民たちが必然的に獲得してきた能力」である「国境を越えた経験知や発想力」が危機回避につながった過去の事例を挙げ、移民やその子孫が持つそうした「能力」、あるいはエージェンシーが、集団間の関係改善をもたらしうることを指摘する（竹沢2011：10）。本書は、そのような外国ルーツの人々が発揮するエージェンシーが持つ可能性について、行政の現場から展望する試みであると言えるだろう。

6）聞き取りは 2024 年 4 月に、日本語で行われた。氏名はすべて仮名である。

7）例えば、木更津市では、2019 年にベトナムのダナン市との間で、技能実習生等の受け入れに関する内容を含む覚書を締結している。また、横須賀市では、2019 年にネパールのバラトプル市との間で、ネパール人の送り出しと受け入れに関する内容を含む覚書を締結している。

【参考文献】

（日本語文献）

明石純一 2010『入国管理政策——「1990 年体制」の成立と展開』ナカニシヤ出版

梶田孝道・丹野清人・樋口直人 2005『顔の見えない定住化——日系ブラジル人と国家・市場・移民ネットワーク』名古屋大学出版会

加藤丈太郎 2022『日本の「非正規移民」——「不法性」はいかにつくられ、維持されるか』明石書店

上林千恵子 2015『外国人労働者受け入れと日本社会——技能実習制度の展開とジレンマ』東京大学出版会

上林陽治 2015『非正規公務員の現在——深化する格差』日本評論社

川村千鶴子・近藤敦・中本博皓編著 2009『移民政策へのアプローチ——ライフサイクルと多文化共生』明石書店

久保明教 2019『ブルーノ・ラトゥールの取説——アクターネットワーク論から存在様態探求へ』月曜社

近藤敦 2019『多文化共生と人権——諸外国の「移民」と日本の「外国人」』明石書店

佐竹眞明編著 2011『在日外国人と多文化共生——地域コミュニティの視点から』明石書店

清水睦美 2006『ニューカマーの子どもたち——学校と家族の間の日常』勁草書房

出入国在留管理庁 2023「在留外国人統計」https://www.moj.go.jp/isa/policies/statistics/toukei_ichiran_touroku.html（2024 年 8 月 15 日最終閲覧）

鈴木江理子編著 2021『アンダーコロナの移民たち——日本社会の脆弱性があらわれた場所』明石書店

高畑幸 2024『在日フィリピン人社会——1980 〜 2020 年代の結婚移民と日系人』名古屋

大学出版会

髙谷幸編著 2019『移民政策とは何か――日本の現実から考える』人文書院

髙谷幸編著 2022『多文化共生の実験室――大阪から考える』青弓社

竹沢泰子 2011「序論――移民研究から多文化共生を考える」日本移民学会編『移民研究と多文化共生』御茶の水書房 pp.1-17

徳田剛・二階堂裕子・魁生由美子編著 2023『地方発　多文化共生のしくみづくり』晃洋書房

戸谷雅治 2018「会計年度任用職員制度の課題」『年報公共政策学』12：91-109

永吉希久子編著 2021『日本の移民統合――全国調査から見る現況と障壁』明石書店

樋口直人・稲葉奈々子編著 2023『ニューカマーの世代交代――日本における移民2世の時代』明石書店

三浦綾希子 2015『ニューカマーの子どもと移民コミュニティ――第二世代のエスニックアイデンティティ』勁草書房

毛受敏浩編著 2016『自治体がひらく日本の移民政策――人口減少時代の多文化共生への挑戦』明石書店

（英語文献）

Constable, N. 1999. At Home but Not at Home: Filipina Narratives of Ambivalent Returns. *Cultural Anthropology* 14（2）：203-228.

Milly, D. J. 2014. *New Policies for New Residents: Immigrants, Advocacy, and Governance in Japan and Beyond.* Cornell University Press.

Mosse, D. & D. Lewis 2006. Theoretical Approaches to Brokerage and Translation in Development. In D. Lewis & D. Mosse（eds）*Development Brokers and Translators: The Ethnography of Aid and Agencies.* Kumarian Press, Inc. pp. 1-26.

Said, E. 2013. *Reflections on Exile: And Other Literary and Cultural Essays.* Granta Books.

> **第1章**
>
> # 地方自治体における
> # 外国籍・外国ルーツ職員の雇用
> ―全国雇用実態調査及び自治体への聞き取り調査からの概観―
> 長坂　格・高畑　幸

1. はじめに

　日本の地方自治体や行政機関で、一体どれくらい、どのような形で外国籍・外国ルーツの職員が雇用され、どのような業務に携わっているのだろうか。2021 年に、外国籍・外国ルーツの行政職員（以下、外国籍等の職員）に関する共同研究に着手した私たちは、個々の調査経験において、少なくない数の外国籍等の職員が地方自治体などで雇用され、多文化共生推進政策などの実務に携わっている状況を見聞きしていた。しかし確認した限りでは、これまでそのような外国籍等の職員の雇用実態についての網羅的な調査はなされていないようであった。そこで私たちは、まず全国の自治体を対象としてアンケート調査を実施することとした。

　本章では、次章以下の外国籍等の職員に関する事例研究の背景説明として、2022 年 2 月から 3 月にかけて実施した「地方自治体における外国籍・外国ルーツ職員の雇用実態調査」（以下、雇用実態調査）、および 2022 年から 2024 年にかけて実施した 13 の地方自治体への聞き取り調査の結果を報告する。

2. 外国籍・外国ルーツ職員の雇用実態調査

　調査結果の報告に入る前に、調査の概要を述べておく。調査対象としたのは、外国籍人口が 100 人以上の全国の市区町村であり、調査

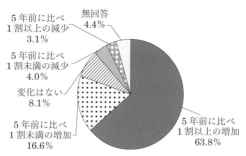

図1　過去5年間の外国籍住民の増加の有無（n＝652）

は2022年2月に実施された。調査方法は郵送調査（配布・回収とも）であった。全国の1,186の市区町村に調査票を送付し、2022年3月までに652自治体から回答を得た。回収率は55.0％であった。

アンケート調査では、外国籍等の職員を「外国籍、あるいは帰化した日本国籍者であることが公然となっている職員」とした。担当部署名などを除き、質問は5問に絞り、自由回答欄を設けた。以下、その回答を紹介していくが、その際、外国籍住民人口の多寡が、どのような部署の、どのような職種での外国籍等の職員の雇用につながるかを探る。そのため、それぞれの質問における回答グループごとの、自治体の外国籍住民人口比率の平均も見ていくことにする[1]。なお、回答自治体全体の外国籍住民比率の平均は1.92％であった。

アンケート調査の最初の問いは「過去5年間の外国籍住民の増加の有無」（図1）であり、全体の63.8％の自治体が「5年前に比べて1割以上の増加」と回答している。それぞれの回答グループにおける外国籍住民人口比率平均には、大きな違いはなかった。これまで外国籍人口が少なかった自治体を含め、様々な外国籍住民人口比率を持つ自治体において、近年、外国籍住民が増加している状況を窺うことができる。

次に、外国籍等の職員の有無とその雇用形態について尋ねた（図2）。「正職員（無期雇用）として雇用している」と回答した自治体は59自治体（9.0％）である。また、39.3％の自治体がALT（外国語指

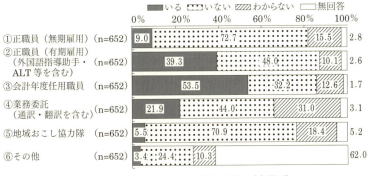

図2 外国籍・外国ルーツ職員の有無(立場別)

導助手、注2も参照)等を含む有期雇用の正職員を、また、53.5%の自治体が会計年度任用職員を雇用している。また、21.9%の自治体が外国籍・外国ルーツの人々あるいはそれらの人々を含む事業者に通訳・翻訳を委託していた。その他、第6章で論じられる地域おこし協力隊員として外国籍等の職員を雇用している自治体は、全体の5.5%であった。

外国籍住民人口比率との関係を見ると、正職員(無期雇用)が「いる」と回答した自治体の外国籍住民人口比率平均は2.28%で、「いない」と回答した自治体の同平均1.84%よりもやや高い。同様に会計年度任用職員が「いる」と回答した自治体の同平均2.05%は、「いない」と回答した自治体の同平均1.75%よりもやや高い[2]。ただ、その差はそれほど大きくなく、統計的にも有意ではない。他方、通訳・翻訳を含む業務委託が「ある」と回答した自治体の同平均2.28%は、「ない」と回答した自治体の同平均1.74%よりも高く、統計的にも有意であった。

次に、勤務する部署について尋ねた質問への回答(図3)で多かったものを順に挙げれば、教育委員会(公立学校)(73.8%)、役所・支所(37.9%)、国際交流に関わる外郭団体(13.7%)となっている。教育委員会(公立学校)については、ALTが含まれていることが高

第1章 地方自治体における外国籍・外国ルーツ職員の雇用 21

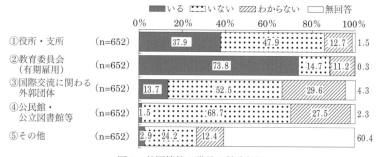

図3　外国籍等の職員の勤務部署

い回答率につながっていると推測される。外国籍住民人口の比率平均を見ても、教育委員会（公立学校）で勤務する外国籍等の職員が「いる」と回答した自治体と、「いない」と回答した自治体の同平均の差はほとんどない（1.90％と1.83％）。ただし、後の聞き取りや第4章で見るように、外国籍住民が多い自治体においては、教育委員会が、母語支援員や外国人児童生徒への教育支援員などとして外国籍等の職員を雇用している例があることにも留意する必要がある。

他方で、役所・支所に「いる」と回答した自治体の同平均（2.18％）は「いない」と回答した自治体の同平均（1.71％）よりも高い。同様に、国際交流に関わる外郭団体に勤務する外国籍等の職員が「いる」と回答した自治体の同平均（2.45％）は、「いない」と回答した同平均（1.87％）よりもかなり高く、いずれもその差は統計的に有意であった。後の聞き取り調査結果の報告でも事例が紹介されるが、外国籍住民の人口比率が高い自治体の役所や外郭団体で、外国籍等の職員が雇用され勤務している傾向を見て取ることができる。

外国籍等の職員の仕事内容についた尋ねた質問への回答（図4）では、81.1％の自治体が「児童生徒に英語を教える（ALT等）」ために外国籍等の職員を雇用していると回答している。多くの自治体で、JETプログラム[3]を利用して英語教育のためのALTが雇用されていることが反映されている。次に多いのが「国際交流を担当する」職員

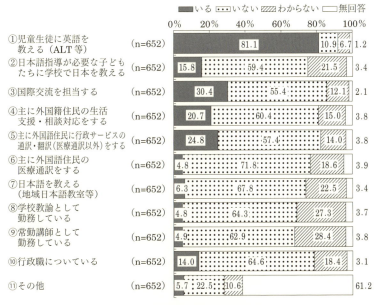

図4 外国籍等の職員の仕事内容

であり、30.4％の自治体で雇用されている。後の聞き取り調査の報告でも述べられるように、ここにも、少なくない数のJETプログラムから派遣されるCIR（国際交流員、注3も参照）が含まれていると推測される。これら2つの質問に対して、外国籍等の職員が「いる」と回答した自治体と「いない」と回答した自治体との間で、外国籍住民人口比率平均の違いはあまり見られない。

「主に外国籍住民に行政サービスの通訳・翻訳をする」、「主に外国籍住民の生活支援・相談対応をする」外国籍等の職員がいると回答した自治体は、それぞれ24.8％と20.7％であった。これらの質問に対して「いる」と回答した自治体と「いない」と回答した自治体の外国籍住民人口比率の違いは大きく、前者の質問では2.58％と1.68％、後者の質問では2.55％と1.76％であり、これらの差は統計的にも有意であった。他に「いる」という回答が多かったのは、「日本語指導

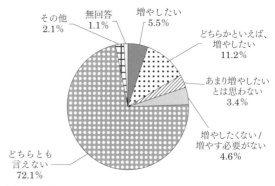

図5 予算があれば、今後外国籍等の職員を増やしたいか？

が必要な子どもたちに学校で日本語を教える」職員の15.8％と、「行政職についている」職員の14.0％であった。予想されることであるが、前者の質問に対して、「いる」と回答した自治体と「いない」と回答した自治体の外国籍住民人口比率の差はさらに大きく、2.93％と1.71％であり、統計的にも有意であった。他方、後者の質問に対して「いる」と回答した自治体と「いない」と回答した自治体の外国籍住民人口比率の差は2.29％と1.82％であり、その差は統計的にも有意であった。外国籍住民の人口比率が高い自治体において、日本語を教える、あるいは外国籍住民への相談対応や行政サービスの通訳・翻訳を行う外国籍等の職員が雇用されている傾向があること、以上3つに比べるとやや相関は弱いものの行政職に就く外国籍等の職員が雇用されている傾向があることがわかる。

「予算があれば、今後、外国籍・外国ルーツの職員等を増やしたいか」という質問に対する回答（図5）では、「増やしたい」、「どちらかといえば増やしたい」と回答した自治体は17％弱とさほど多くない。他方で、「増やしたくない」と「どちらかといえば増やしたくない」という自治体も少なく（8.0％）、回答では「どちらとも言えない」が最も多かった。「どちらともいえない」という回答が多いのは、

今回は多文化共生関連の施策を担当すると思われる部署にアンケートを送付しており、人事に関する設問に回答しにくかったなどの理由が推測されるが、後の自治体のカテゴリー別の傾向性の記述では、「増やしたい」、「どちらかといえば増やしたい」と回答した自治体の自由回答の内容を紹介することとする。

3. 自治体への聞き取り調査

　以上報告したアンケート調査の後、いくつかの自治体に、追加の聞き取り調査を実施した。以下、その聞き取り調査結果の紹介を行う。

　個別の聞き取り調査を行うにあたって、アンケート調査に回答した自治体を、まず人口規模で3グループに分割した。そのうえで、外国籍住民人口比率の別に分類し、なるべく多くのカテゴリーの自治体に聞き取りを行うよう努めた。それぞれのカテゴリーの自治体のうち、アンケート調査のなかで「後日、オンラインでの聞き取り調査に対応可能」と回答し、実際に聞き取り調査の調整ができた自治体に、対面（5自治体）、オンライン（7自治体）、電話（1自治体）で聞き取りを実施した（表1）。したがって、聞き取り対象となった自治体は各カテゴリーの代表例というよりは偶発的な選定による。また、聞き取りの時間は20分から2時間程度まで様々であり、聞き取り内容にもかなりの濃淡があることを断っておく。以下、自治体カテゴリーごとに外国籍等の職員の雇用実態に関する聞き取り内容を紹介し、あ

表1　聞き取り対象となった自治体（人口規模、外国籍住民人口比率別）

人口規模 外国籍住民 人口比率	～3万人	3万人～10万人	10万人～
～1%	【A】岩手県二戸市	【B】島根県雲南市、岩手県釜石市	【C】（なし）
1%～2%	【D】佐賀県吉野ヶ里町	【E】大分県宇佐市	【F】広島県広島市
2%～	【G】長野県箕輪町、静岡県吉田町	【H】福井県越前市、静岡県袋井市	【I】岐阜県大垣市、三重県鈴鹿市、東京都足立区

第1章　地方自治体における外国籍・外国ルーツ職員の雇用　　25

わせてカテゴリーごとの実態調査への回答傾向を、外国籍住民の人口動態、外国籍等の職員の業務内容、外国籍等の職員の雇用展望についての回答に絞って概略する。

【A】人口規模小／外国籍住民人口比率低の自治体

人口3万人未満で外国籍住民人口比率が1.0％未満のカテゴリーに当てはまる自治体で聞き取りができたのは、1自治体のみであった。まず聞き取り内容の紹介をしておく。なお市町村名横の人口、および外国籍住民人口比率の計算にもちいた外国籍住民人口は、それぞれ2021年1月1日、2020年12月末の数字である。

〈岩手県二戸市〉（人口26,138人、外国籍住民人口比率平均0.78％）

聞き取り時点（2024年）で把握されている外国籍住民人口は210人である。国籍別ではフィリピンが最多で約60人、次にベトナムが約50人となっている。在留資格別にみると約40％が技能実習生であり、約25％が永住者、約10％が特定技能であった。現在、月に1回、国際交流協会で日本語教室を開講している。市内で勤務するALTは県の雇用であり、現在、市が雇用する外国籍等の職員はいない。将来的な外国籍人口の増加に備えて、数年前から、担当職員が外国籍の従業員がいる市内の企業を訪問し、どのような課題があるかを聞いている。

次に、人口規模が小さく、外国籍住民人口比率も低いこのカテゴリーに含まれる44自治体の実態調査への回答傾向を概略する。15自治体（34.1％、回答自治体全体は63.8％）が5年前より外国籍住民が1割以上増加したと回答しているが、回答自治体全体と比べるとこの比率は低い。44の自治体のうち、39の自治体（88.6％、全体は81.1％）が「児童生徒に英語を教える（ALT等）」職員を雇用していると回答している。その一方で、「国際交流を担当する」職員を雇用しているのは8自治体（18.2％、全体は30.4％）であり、「生活支

援・相談対応をする」外国籍等の職員を雇用しているのは1自治体（2.3％、全体は20.7％）に留まる。また、「日本語指導が必要な子どもたちに学校に日本語を教える」職員の雇用は見られなかった。

「予算があれば、今後、外国籍・外国ルーツの職員等を増やしたい」という設問に、「増やしたい」「どちらかといえば増やしたい」と回答した自治体は4つであった（9.1％、全体は16.7％）。増やしたい理由を聞いた自由記述では、「国際交流を担当する人材が不足しているが予算がつかない」、「行政においても、窓口での対応や政策意思決定の場で、外国人住民側の目線を取り入れていきたい」などがあった。人口規模が小さく、外国籍住民人口比率も低いこのカテゴリーのなかで、外国籍等の職員が雇用されていることはALT以外では少ないが、予算があれば国際交流を担当する、あるいは窓口対応や日本語教室などを担当する外国籍等の職員の雇用を望む自治体があることがわかる。ただしその数は少数に留まる。

【B】 人口規模中／外国籍住民人口比率低の自治体

次に、人口規模が3万人から10万人と中程度で、外国籍住民人口比率は1％以下である2つの自治体への聞き取り内容を紹介する。

〈島根県雲南市〉（人口37,102人、外国籍住民人口比率0.61％）

外国籍住民人口は239人（2023年）でアジア諸国出身者がほとんどである。国籍別ではベトナムが最多で約4分の1を占める。在留資格別では技能実習が多いが、特定技能も少しずつ増え始めている。2020年に「雲南市多文化共生推進プラン」を策定している。外国籍等の職員としては、JETプログラムから派遣されているALTとCIR（国際交流員）がいる。現在1名いるCIRは、学校訪問、市役所および教育委員会での通訳などの業務を担当している。特徴的な施策としては、やさしい日本語講座、外国人のための日本語会話サロン、外国人生活相談などを、一般社団法人ダイバーシティうんなんtoiroに委託して実施してきたことがある。同法人は、同市でJETプログラム

派遣の CIR として勤務した元職員らによって立ち上げられた NPO である（市民国際プラザ 2020）。

〈岩手県釜石市〉（人口32,176人、外国籍住民人口比率0.79%）

　近年、外国籍住民数は増加しており、聞き取り時点では約 450 人となっている。ベトナム人が約半数、インドネシア人が 4 分の 1 弱を占める。最近はインドネシア国籍者が増加している。外国籍住民は、製造業や水産加工業の企業に雇用されている技能実習生が中心であったが、最近では特定技能の増加が顕著である。2019 年のラグビーワールドカップの開催や東京オリンピック・パラリンピックでのホストタウン登録を重要な契機として、2021 年に「釜石市多文化共生推進プラン」を策定している。姉妹都市との国際交流では、ラグビーを通したスポーツ交流も行っている。同市には現在、ALT と CIR が各 1 名ずついる。CIR の業務は、国際交流活動での通訳や、幼稚園や保育所での外国文化に触れる機会の提供などである。市では毎月 2 回、日本語教室を開催している。加えて役所には外国人相談窓口を設置しており、年間 10 ～ 20 件程度の相談を受けている。また、外国籍住民との距離を縮めることを目的として、外国籍住民との交流機会を提供する「釜石グローバルラウンジ」を年 5 回ほど開催している。参加者は毎回 50 名程度であり、40 名程度が外国籍住民である。

　2 つの自治体ともに、技能実習生を中心に、近年、外国籍住民人口が増加してきており、ベトナム、インドネシア国籍の住民が多いという特徴がある。2020 年代以降は特定技能の外国籍住民も増加し始めている。また 2 つの自治体は、外国籍住民人口比率は低いものの、2020 年以降に多文化共生推進プランを策定している[4]。両自治体における外国籍等の職員は ALT と CIR のみと、現時点では国際交流や国際理解の側面に重点が置かれているが、雲南市による、元 CIR が立ち上げに関わった NPO と連携しての外国人生活相談など、特徴的

な施策も見られる。

　次にこのカテゴリーに含まれる 108 自治体の実態調査への回答傾向について概略する。108 自治体中、70 自治体（64.8％、全体 63.8％）で外国籍住民が 5 年前に比べて 1 割以上増加していると回答している。外国籍住民人口比率が低い自治体のあいだでも、外国籍住民が増加している自治体が少なくないことがわかる。

　外国籍等の職員の雇用については、108 自治体中、96 自治体（88.9％、全体は 81.1％）が「児童生徒に英語を教える」ALT などの職員を雇用し、29 自治体（26.9％、全体は 30.4％）が「国際交流を担当する」職員を雇用している。他方、「外国籍住民の生活支援・相談対応をする」職員を雇用しているのは 10 自治体（9.3％、全体は 20.7％）、「日本語指導が必要な子どもたちに学校で日本語を教える」は 4 自治体（3.7％、全体は 15.8％）に留まる。外国籍住民人口比率が低いこのカテゴリーにおいても、約 1 割の自治体で生活支援・相談対応をする外国籍等の職員が雇用されていることが目を引く。

　「予算があれば、今後、外国籍・外国ルーツの職員等を増やしたい」という設問への回答として、「増やしたい」「どちらかといえば増やしたい」と回答した自治体は 13 自治体（12.0％、全体は 16.7％）であった。13 の自治体の自由記述欄では、外国籍等の職員雇用を増やしたい理由としては、国際理解の増進や国際交流の充実、行政サービスの充実、あるいはその両方が挙げられることが多く、少数の自治体で産業振興のためという理由も挙げられていた。具体的には「国際交流事業の推進や市民の異文化に対する関心を高め、外国人とのコミュニケーションや国際感覚を養うため」、「観光や産業部門においても日本人には無い視点での活動、業務が望めそうであるため、増やしたい」などがあった。さらに、外国籍住民が増加するなかで行政サービスの多言語化が求められている状況があり、外国籍等の職員の配置が望まれるという理由も挙げられていた。ただし、予算的に難しいことに加え、「特化した雇用枠がなく、応募があるかも不明」という制度上の問題および募集上の懸念も挙げられていた。

第 1 章　地方自治体における外国籍・外国ルーツ職員の雇用　　29

【C】 人口規模大／外国籍住民人口比率低の自治体

　人口10万人以上で外国籍住民人口比率が1％未満であるこのカテゴリーには40の自治体が含まれるが、このカテゴリーの自治体では聞き取りを行うことができなかった。そのため、実態調査の傾向性だけをまとめておく。

　40自治体中、29自治体（72.5％、全体63.8％）で外国籍住民が5年前に比べて1割以上増加していると回答しており、この比率は全体より高い。外国籍等の職員の雇用については、ALTなどの「児童生徒に英語を教える」職員を雇用している自治体は35ある（87.5％、全体は81.1％）。他方、人口規模が大きい自治体では国際交流がより積極的に行われているためと思われるが、「国際交流を担当する」外国籍等の職員を雇用している自治体は29あり、全体の数字を大きく上回る（72.5％、全体は30.4％）。「外国籍住民の生活支援・相談対応をする」外国籍等の職員は14の自治体（35.0％、全体は20.7％）で雇用され、「日本語指導が必要な子どもたちに学校で日本語を教える」職員は5つの自治体（12.5％、全体は15.8％）で雇用されている。後者は全体と比較すれば少な目であるが、同じくらいの外国籍住民人口比率を持つ、人口規模が小さい自治体と比較するとその比率は高い。

　「予算があれば、今後、外国籍・外国ルーツの職員等を増やしたい」という設問への回答として、「増やしたい」「どちらかといえば増やしたい」と回答した自治体は14あり、全体の数字よりも高い（35.0％、全体は16.7％）。それら自治体の外国籍等の職員を増やしたい理由についての自由記述回答は、人口規模が中程度の自治体と同様に、国際交流・国際理解の充実のためと、外国籍住民増加への対応のためという2つのいずれか、あるいは両方が多かった。加えてインバウンド対応など産業振興のためという理由が少数の自治体で挙げられていた。前者の例としては、「国際交流業務において、外国籍の職員がいることは、市民に対して海外にルーツを持つ人との交流を身近に提供することができ、グローバルな感覚や多文化共生社会の醸成に寄与す

ると考えるから」という回答があった。後者の例としては、特定の国籍（ネパール、ベトナム）の住民が増加していることの対応のためという回答の他、「技能実習や特定技能の在留資格による、アジア地域（非英語圏）からの外国人住民が増えており、行政サービスの多言語対応を行いたい。また多文化共生社会の推進に向け、外国にルーツのある職員の視点を施策に取り入れたい」という回答があった。

【D】人口規模小／外国籍住民人口比率中の自治体

　人口規模が3万人未満で外国籍住民人口比率が1%以上2%未満のカテゴリーで、聞き取りを実施できたのは1自治体である。まずその聞き取りの内容を紹介する。

〈佐賀県吉野ヶ里町〉（人口16,160人、外国籍住民人口比率1.20%）

　2024年1月時点で把握されている外国籍住民人口は268人で、その半分強が技能実習であり、その他は永住者、特定技能がそれぞれ30人弱と続く。国籍別ではベトナムが約110人と最多で、次にインドネシア約40人等と続き、外国籍住民数は10年前と比べると3.5倍になっている。そうした人口の変動を踏まえ、2023年3月に策定された 町の総合計画の後期基本計画において、「多文化共生社会の推進」が新たに設定された。外国籍等の職員としてはALTが2名いる。県からの声掛けがあり、文化庁（当時）の「「生活者としての外国人」のための日本語教室空白地域解消推進事業−地域日本語教室スタートアッププログラム」の助成を受け、1年前から月1回、地域日本語教室「meet up よしのが里」を開催している。日本語教室は、外国籍住民が日本語を身に着けることを支援するとともに、彼らへのセーフティネットとして機能する他、外国籍住民と地域とのつながりを密にすることを目的としている。ただ町内からの参加者がまだ少なく、今後、外国籍住民のニーズを把握するためのアンケート調査を実施する予定である。

次にこのカテゴリーに含まれる 84 自治体の実態調査への回答傾向について概略する。84 自治体中、40 自治体（47.6％、全体は63.8％）で外国籍住民が 5 年前に比べて 1 割以上増加していると回答してるが、この比率は全体より低い。

外国籍等の職員の雇用については、84 自治体中、64 自治体（76.2％、全体は 81.1％）が「児童生徒に英語を教える」ALT などの職員を雇用し、13 自治体（15.5％、全体は 30.4％）が「国際交流を担当する」職員を雇用している。他方、「外国籍住民の生活支援・相談対応をする」職員を雇用しているのは 4 自治体（4.8％、全体は20.7％）、「日本語指導が必要な子どもたちに学校で日本語を教える」は 2 自治体（2.4％、全体は 15.8％）に留まる。家族で滞在する外国人が少ないためか、生活支援・相談対応や子どもたちに日本語を教える立場の外国籍等の職員を雇用する自治体は少ないようだ。

「予算があれば、今後、外国籍・外国ルーツの職員等を増やしたい」という設問への回答として、「増やしたい」「どちらかといえば増やしたい」と回答した自治体は 5 自治体（6.0％、全体は 16.7％）に留まる。自由記述欄では、外国籍等の職員雇用を増やしたい理由としては、英語教育の促進や国際交流の充実、行政サービスの充実を挙げる自治体があった。具体的には「近年、小学校の英語の授業の充実のために、人員の増員を図りたい」、「外国人住民サービスや多言語対応など、住民サービスの向上につながるのではないかと思う」などがあった。さらに、外国籍住民が増加するなかでトラブルが懸念されており、「外国人住民が年々増加しており、母国語による相談で不安や困り事の解消ができ、トラブルを未然に防ぐことができる」との意図から外国籍等の職員の配置が望まれるという理由も挙げられた。いずれも「予算があれば」との条件が付くのは他のカテゴリーの自治体と同様である。

【E】人口規模中／外国籍住民人口比率中の自治体

人口規模が 3 万人以上 10 万人未満であり、外国籍住民人口比率が

1％以上2％未満である自治体のうち、聞き取りを行ったのは次の1事例である。

〈大分県宇佐市〉（人口54,845人、外国籍住民人口比率1.34％）

　調査時点（2024年5月）で把握されていた外国籍住民数は1,046名で、ベトナムが350人余りで最も多く、以下、ミャンマー約140人、インドネシア約100人、フィリピン約80人と続く。在留資格別では最も多いのは技能実習である。過去3年で外国籍人口は300人程度増えている。2020年に「宇佐市多文化共生・国際交流推進プラン」を策定している。2021年には出入国在留管理庁の「外国人受入環境整備交付金」の助成を受け、外国人総合相談センターを開設している。同センターの運営は、翻訳やインバウンド対策支援などを行う市内の事業者に委託している。その事業者ではベトナム人などの外国籍スタッフが相談業務を担当している。昨年度は145件の相談を受けた。必要に応じて市役所の他部署につないでいる。相談センターを開設したことで、センターがなければ埋もれていたような困りごとに対する支援を提供できた点はよかったが、周知不足などの課題もあるという。外国籍等の職員としては、ALTが5名と地域おこし協力隊員が1名いる。地域おこし協力隊員はインバウンド対応を担当している。

　人口規模が中程度で、これまで外国籍住民は多くなかったが近年急増している自治体が、国からの助成金を得て外国人相談センターを開設し、相談事業を外国籍スタッフがいる市内の事業者に委託している事例である。また第6章で取り上げられる、外国籍の地域おこし協力隊員の雇用も見られる。

　次にこのカテゴリーに含まれる116自治体の実態調査への回答傾向について概略する。116自治体中、81自治体（69.8％、全体63.8％）で外国籍住民が5年前に比べて1割以上増加していると回答しており、この比率は全体と同程度である。

外国籍等の職員の雇用については、116自治体中、85自治体（73.3%、全体は81.1%）が「児童生徒に英語を教える」ALTなどの職員を雇用し、30自治体（25.9%、全体は30.4%）が「国際交流を担当する」職員を雇用している。他方、「日本語指導が必要な子どもたちに学校で日本語を教える」は12自治体（10.3%、全体は15.8%）、「外国籍住民の生活支援・相談対応をする」職員を雇用しているのは11自治体（9.5%、全体は20.7%）に留まる。ただし、同程度の外国籍住民人口比率で人口規模が小さい自治体よりは、これらの比率は高い。

「予算があれば、今後、外国籍・外国ルーツの職員等を増やしたいか」という設問に対し「増やしたい」「どちらかといえば増やしたい」と回答した自治体は、全体の数字よりやや少なめの16自治体（13.8%、全体は16.7%）であった。16の自治体の自由記述欄では、外国籍等の職員雇用を増やしたい理由として、生活相談を含む行政サービスの充実や日本語教育の充実を挙げる自治体が多かった。具体的には、「外国人の母語で日本語を教える教室を立ち上げたい」、「最近、外国籍の子どもに関する相談や対応が増加しているため、通訳だけでなく、日本で子育て経験のある外国ルーツの相談員を採用したい」などがあった。ただし、外国籍等の職員の雇用に関しては予算的に難しいことに加え、「生活相談に対応できる外国籍・外国ルーツの職員を増やしたいが、雇用枠が無い」、「過疎地域の地域性や環境に適応できる人材を見つけることが困難」という制度上・募集上の課題や懸念も挙げられた。

【F】人口規模大／外国籍住民人口比率中の自治体

人口規模が10万人以上であり、外国籍住民人口比率が1%以上2%未満である自治体のうち、聞き取りを行うことができたのは次の1事例である。

〈広島県広島市〉（人口1,189,149人、外国籍住民人口比率1.58%）

調査時点（2024年）での外国籍住民人口は21,594人である。10年前と比べると約6,000人増加している。国籍別では、中国、韓国・朝鮮、そして2010年代から急増したベトナムが多い。在留資格別では、永住者、特別永住者、技能実習が6割強を占める。2006年に「広島市多文化共生のまちづくり推進指針」を策定し、2014年に同指針を改定している。教育委員会にALTがいる他、国際交流、多文化共生関連の業務を担当する外国籍等の職員としては、国際化推進課の国際交流専門員がいる。国際交流専門員は市民向けの広報資料や市の文書等の翻訳業務を主に担当する。また、市の地域国際化協会である広島平和文化センターに委託して、2009年から外国人相談窓口を設置・運営している。現在、同センターでは非常勤職員として4名の外国籍等の相談員を雇用している（ポルトガル語、スペイン語、中国語、ベトナム語担当）。

　特徴的な施策としては、2021年から広島市と安芸郡4町（府中町、海田町、熊野町、坂町）による、「広島市・安芸郡外国人相談窓口」を共同運営していることがある。現在、同窓口ではスペイン語、中国語、ベトナム語、ポルトガル語、英語（以上、月曜から金曜）、フィリピノ語（金曜と第1・第3水曜）での相談に対応している。広島市はコロナ禍において、近隣の自治体に居住する外国籍住民からの相談件数が増加したが、そうした情報を近隣の自治体と共有する仕組みがなかった。そこで広島市が、5つの市町が共同で相談対応および情報共有を行う体制を構築することを提案した。もともと広島市と安芸郡4町の間では、広島市が市医師会に支払う負担金の一部を4町が負担することにより、4町の重症患者が休日・夜間に広島地区の病院を利用することができる事業があり、この事業の枠組みを外国人相談窓口に応用することにした。2021年に自治体間で覚書を締結し、各市町が外国籍住民人口の構成比に応じて経費を負担する仕組みがつくられた。2021年度の同窓口の相談件数は1,518件となっている。

　人口規模が大きい広島市では、外国籍住民人口比率はそれほど高く

ないが外国人相談窓口が設置されており、委託先の外郭団体で複数の外国籍等の非常勤職員が雇用されてきた。最近では、周辺の人口規模が小さい町と相談窓口を共同運営するというユニークな施策も実施されている。

　次にこのカテゴリーに含まれる48自治体の実態調査への回答傾向について概略する。48自治体中、33自治体（68.8％、全体は63.8％）で外国籍住民が5年前に比べて1割以上増加していると回答しており、この比率は全体よりやや高い。

　外国籍等の職員の雇用については、48自治体中、40自治体（83.3％、全体は81.1％）が「児童生徒に英語を教える」ALTなどの職員を雇用し、25自治体（52.1％、全体は30.4％）が「国際交流を担当する」職員を雇用している。他方、「外国籍住民の生活支援・相談対応をする」職員を雇用しているのは18自治体（37.5％、全体は20.7％）、「日本語指導が必要な子どもたちに学校で日本語を教える」は14自治体（29.2％、全体は15.8％）であり、全体よりその割合は高い。

　「予算があれば、今後、外国籍・外国ルーツの職員等を増やしたい」という設問への回答として、「増やしたい」「どちらかといえば増やしたい」と回答した自治体は11自治体（22.9％、全体は16.7％）であり、この比率も全体よりやや高い。11の自治体の自由記述欄では、外国籍等の職員雇用を増やしたい理由として、行政サービスの充実を挙げる自治体が多いが、会計年度任用職員の人手不足という理由も挙げられていた。具体的には、「多様な意見を取り入れるため行政との橋渡しの役割を担ってほしい」、「学校給食調理員等の会計年度任用職員の応募者が少ないため、外国人材の受け入れを積極的に行いたい」などがあった。さらに、「ベトナム人の増加に伴い、ベトナム語での相談対応、翻訳業務等の需要が高い」のように、特定の言語ができる職員が求められている場合もあった。しかし、他のカテゴリーの自治体と同様に、多くの自治体が予算不足を課題として挙げていた。

【G】 人口規模小／外国籍住民人口比率大の自治体

　人口規模が3万人未満であり、外国籍住民人口比率が2%以上である自治体のうち、聞き取りを行うことができたのは次の2事例である。

〈長野県箕輪町〉 （人口24,819人、外国籍住民人口比率3.20%）

　調査時点（2024年）で把握されている外国籍住民数は763人であった。在留資格別に見ると、永住者が約340人で最も多く、定住者が約110人でそれに続く。その他、技能実習が約80人、特定技能が約70人となっている。国籍としてはブラジルが約330人で最多で、次にフィリピンが約120人で続く。近年はベトナム、インドネシアが増えている。外国籍住民人口比率はリーマンショック（2008年）前がピーク（1割程度）であった。現在、ALTの他に、多文化共生関連の業務を担当する外国籍等の職員としては、2人の外国人生活相談員が会計年度任用職員として雇用されている。2人はポルトガル語通訳がメインだが、スペイン語、英語も対応可能である。1人は主に役所内で勤務し、外国籍住民への窓口対応の補助などを行う。もう1人は主に教育委員会で勤務し、学校からの通知の翻訳や学校業務の補助の他、子どもが通院する際の病院での通訳なども行う。2人の生活相談員はポルトガル語ニュースレターの作成も担当している。

〈静岡県吉田町〉 （人口29,421人、外国籍住民人口比率5.79%）

　アンケート回答時は1,800人程度だったが、調査時点（2022年）での外国籍住民数は2,040人に増加していた。2022年の外国人の転入者数は全国最多であった。1990年代前半から製造業の工場で勤務するブラジル日系人が増加し、後にフィリピン日系人、近年はベトナムからの技能実習生が増加している。ALTが4名いる他、多文化共生関連の業務を担当する外国籍等の職員としては、相談窓口の相談対応をする会計年度任用職員が2名いる。1人は中国語と英語担当、もう1人はポルトガル語、スペイン語、英語担当である。窓口での相

第1章　地方自治体における外国籍・外国ルーツ職員の雇用　37

談対応や広報の翻訳のほか、保健センターや保育所などでも、依頼があれば出向いて通訳を行う。

　人口規模は小さいが、外国籍住民人口比率が高い、また、ブラジル国籍の永住者・定住者が多い2つの自治体では、ポルトガル語対応が可能な外国籍等の相談員が1名から2名雇用されている。それら外国籍等の職員はいずれも会計年度任用職員であり、相談対応の他、学校や病院関係の翻訳、通訳、広報の翻訳など様々な業務をカバーしている。

　次にこのカテゴリーに含まれる63自治体の実態調査への回答傾向について概略する。63自治体中、27自治体（42.9％、全体63.8％）で外国籍住民が5年前に比べて1割以上増加していると回答している。ただこの比率は全体と比べるとやや低い。

　外国籍等の職員の雇用については、63自治体中、56自治体（88.9％、全体は81.1％）が「児童生徒に英語を教える」ALTなどの職員を雇用しているが、「国際交流を担当する」職員を雇用するのは6自治体（9.5％、全体は30.4％）に留まる。また外国籍住民人口比率は高いが、人口規模が小さいこれら自治体では、「外国籍住民の生活支援・相談対応をする」職員、「日本語指導が必要な子どもたちに学校で日本語を教える」職員を雇用しているのは、それぞれ11自治体（17.5％、全体は20.7％）と7自治体（11.1％、全体は15.8％）に留まる。

　「予算があれば、今後、外国籍・外国ルーツの職員等を増やしたい」という設問への回答として、「増やしたい」「どちらかといえば増やしたい」と回答した自治体は4自治体（6.3％、全体は16.7％）であり、この比率も全体と比べると低い。自由記述欄では、外国籍等の職員雇用を増やしたい理由としては、行政サービスの充実に加えて地場産業での雇用に伴う外国籍住民増加という理由が挙げられていた。ただし、外国籍等の職員の雇用に関しては予算的に難しいことに加え、「主に外国語の対応にあたってほしいが、様々な翻訳サービスや語学

力のある職員の力で現状どうにかなっている面があり、（外国籍・外国ルーツ職員を雇うならば）他の業務で必要な能力を同時に有していないといけない」という雇用上の課題も挙げられていた。

【H】人口規模中／外国籍住民人口比率大の自治体

人口規模が3万人以上10万人未満であり、外国籍住民人口比率が2%以上の自治体のうち、聞き取りを行うことができたのは2つの自治体であった。そのうちのひとつである静岡県袋井市は後の章で詳しく取り上げるため、ここでは福井県越前市の事例を紹介する。

〈福井県越前市〉（人口82,293人、外国籍住民人口比率6.34%）

2024年4月1日時点の外国籍住民数は4,928人で、うち約3,400人がブラジル国籍であり、ベトナム国籍が約600人でそれに続く。在留資格で見ると定住者・永住者が多い。2019年に第一次、2024年に第二次の「越前市多文化共生推進プラン」を策定している。多文化共生関連の業務を担当する外国籍等の職員の雇用については、非正規職員としてポルトガル語での窓口対応を担当していた1名が、2016年、外国籍としては初めての正規の一般職員（無期雇用）として採用され、現在はポルトガル語対応の正規職員が2名に増員されている。その他、会計年度任用職員については、市民相談窓口で窓口対応を行うポルトガル語担当3名、中国語担当1名、ベトナム語担当1名を雇用している。教育委員会にはALTの3名に加えて、外国人児童生徒の学校手続きや教育の支援を行う外国人児童生徒対応支援員3名、市内の学校を巡回し、児童・生徒への日本語指導などにあたる学校巡回就学児童生徒ことば指導員3名、市内の学校を巡回し教育支援や保護者との教育相談などに従事する学校巡回アクセスワーカー3名が会計年度任用職員として勤務している。その他、公立・私立の保育園と認定こども園を4名の外国籍児巡回支援員が巡回しており、さらに外国籍児が多い園には、補助員が7名常駐している。また国際交流協会では、広報誌などの翻訳や日本語教室の運営支援、出前講座

の講師などを担当するブラジル人2名と中国人1名が雇用されている。今後も外国籍児童・生徒の増加が予想され、教育環境の整備のため、「ニーズにあったきめ細やかな指導を期待できる」外国籍等の職員を増やしていきたいと考えているが、予算的な制約などから難しさがあるという。予算の制約があるなかでの教育環境の整備の一環として、近年、企業から保育園や学校へのアクセスワーカーの派遣を受けている。

　人口規模が中程度だが、定住者、永住者が中心で、家族とともに暮らすニューカマーの外国籍住民人口が多い自治体において、外国籍等の正規職員が採用されている他、教育環境の整備のため、教育委員会で外国籍等の会計年度任用職員が多数雇用されている事例である。

　次にこのカテゴリーに含まれる62自治体の実態調査への回答傾向について概略する。62自治体中、49自治体（79.0％、全体63.8％）で外国籍住民が5年前に比べて1割以上増加していると回答しており、全体より比率が高くなっている。

　外国籍等の職員の雇用については、62自治体中、48自治体（77.4％、全体は81.1％）が「児童生徒に英語を教える」ALTなどの職員を雇用し、17自治体（27.4％、全体は30.4％）が「国際交流を担当する」職員を採用している。他方、21自治体（33.9％、全体は20.7％）が「外国籍住民の生活支援・相談対応をする」職員を雇用し、19自治体（30.6％、全体は15.8％）が「日本語指導が必要な子どもたちに学校で日本語を教える」職員を雇用しており、これらの職員を雇用する自治体の割合は全体よりかなり高い。

　「予算があれば、今後、外国籍・外国ルーツの職員等を増やしたい」という設問への回答として、「増やしたい」「どちらかといえば増やしたい」と回答した自治体は17自治体（27.4％、全体は16.7％）と、全体より割合が高い。17の自治体の自由記述欄では、外国籍等の職員雇用を増やす意図として、外国人住民への相談対応や日本語教育をよりよく行うことを挙げる自治体が多かった。具体的には「外国籍の

子どもに日本人が日本語を教えるより、外国籍の先生が教える方が親しみやすいので、小中学校の外国籍職員を増やしたい」などがあった。ただし、外国籍等の職員の雇用に関しては予算的に難しいことに加え、「日本語と外国語の能力が高くても賃金に反映させることが難しい」、「ベトナム語の外国人生活相談員（兼通訳・翻訳）を雇用できると良いが、人材の確保が難しい」という制度上の問題および募集上の懸念も、かなり具体的に挙げられていた。

【I】 人口規模大／外国籍住民人口比率大の自治体

　人口規模が10万人以上であり、外国籍住民人口比率が2％以上の自治体のうち、聞き取りを行うことができたのは次の3事例である。

〈岐阜県大垣市〉（人口160,794人、外国籍住民人口比率3.52％）

　外国籍住民数は5,666人（2020年12月末）で、国籍別ではブラジルが最多で、以下、中国、ベトナムと続く。リーマンショック前は外国籍住民人口が7,000人を超えていた。当時はブラジル国籍の住民人口は約4,000人だったが、調査時点では約2,300人となっている。在留資格別でみると定住者と永住者が約6割、技能実習が約1割である。2011年に「大垣市多文化共生推進計画」、2016年に「大垣市多文化共生推進指針」を策定し、2022年に指針を改訂している。多文化共生関連の業務を担当する外国籍等の職員としては、窓口対応と広報誌の翻訳を担当するポルトガル語担当職員2名がいる。他に金曜のみの中国語担当職員1名もいる。教育委員会では、市内の学校の日本語教室を巡回し、保護者への通訳も行う日本語教育指導補助員10名を雇用している。加えて市民病院でポルトガル語担当通訳が3名常駐している。また保育園でもポルトガル語対応職員2名を雇用しており、10以上ある市内の保育園を巡回している。国際交流協会では外国籍等の正職員が1名いる。外国籍等の職員の雇用の課題としては待遇改善がある。とくに相談員については相談件数が多く、状況によっては入管まで同行するなど負担が大きい仕事であり、給与

アップも検討したが、まだ実現していない。

〈三重県鈴鹿市〉（人口199,091人、外国籍住民人口比率4.52%）

　調査時点（2024年）での外国籍住民人口は10,015人で、国籍別ではブラジルが約3,200人で最多であり、ペルーが約1,200人、ベトナムが約1,000人と続く。在留資格別では永住者と定住者が5,800人余りと多く、次に続くのは技能実習の約800人である。リーマンショック直前の外国籍住民人口は約1万人であった。その後減少していたが、近年再び増加し、現在はリーマンショック以前の水準にほぼ戻っている。2001年に発足した「外国人集住都市会議」に参画している。2011年には「鈴鹿市多文化共生推進指針」を策定し、2024年には新たに「鈴鹿市多文化共生推進計画」を策定している。多文化共生関連の業務を担当する外国籍等の職員としては、役所で通訳・翻訳、窓口対応に従事する会計年度任用職員が3名いる。1名はポルトガル語、2名がスペイン語を担当している。その他、公立保育園に外国人コーディネーター、外国人加配保育士などの外国籍等の職員などがいる。窓口対応をする通訳職員たちは税や保険、行政制度全般の知識が豊富であるため、大変円滑に相談対応ができ、多言語通訳システムには代えられないという。昨年度は、多言語対応のための通訳システムでの相談も含め、半年間で4,000件ほどの相談があった。また、通訳職員は外国籍住民のニーズも把握しており、市の広報から必要な情報を選んで翻訳し、市のFacebookページで流すこともしている。通訳職員3名及び多言語通訳システムにより多言語対応を行っているが、入管法の改正により今後も進むことが予想される外国籍人口の増加及び多国籍化に対応していくことが引き続きの課題であるという。

〈東京都足立区〉（人口691,002人、外国籍住民人口比率4.94%）

　調査時点（2022年）での外国籍住民人口は35,190人である。その前の半年間で2千人以上増加し、外国籍住民人口比率は5％を超え

た。国籍別では中国が43％で最多で、以下、韓国が19％、フィリピンが11％、ベトナムが7％で続く。在留資格別では、永住者が35％で最多で、以下は技術・人文知識・国際業務が14％、特別永住者が12％となっている。2006年に「足立区多文化共生推進計画」を策定し、2019年には推進計画を改訂している。多文化共生関連の事業を担当する外国籍等の職員としては、多文化共生関連部署で通訳と相談対応を行う2名の会計年度任用職員がいる。それぞれ中国語、韓国語を担当し、いろいろな部署からくる翻訳依頼に対応している。相談は中国語での相談が7割くらいを占める。他に福祉関連部署で中国帰国者の支援係が1名いる。教育委員会に日本語指導の講師などがいる他、保育士補助が10人程度いる。その他学校派遣の有償の通訳ボランティアがおり、保護者への通訳などを行う。外国籍等の職員を増やしていくかどうかについては、相談員については増員の予定はないが、今後、相談件数が増加する、あるいは別の国の外国人住民が急増する事態となれば検討されることになる。保育補助や日本語講師についてはこれまでは増えてきたが、調査時点では増員の予定はない。

　ブラジル日系人などの定住者・永住者が多い上の大垣市と鈴鹿市では、窓口対応や保育園、教育委員会などで主に通訳を行う職員が会計年度任用職員として多数雇用されている。相談員については、いずれも窓口での相談対応、他部署・他機関との連携、さらに市の広報紙の記事の選別・翻訳など、幅広い知識とネットワークの蓄積が求められる業務を担っており、その評価も高いようである。他方、東京都足立区の事例では、人口規模を考慮すると多文化共生関連の事業を担当する外国籍等の職員数は少ないが、教育委員会で多数の有償ボランティア通訳を派遣するなど、おそらく大都市に特徴的と思われる対応も見られた。

　次にこのカテゴリーに含まれる87自治体の実態調査への回答傾向について概略する。87自治体中、全体よりも高い割合の66自治体（75.9％、全体は63.8％）が、外国籍住民が5年前に比べて1割以上

増加していると回答している。

外国籍等の職員の雇用については、87自治体中、67自治体（77.0％、全体は81.1％）が「児童生徒に英語を教える」ALTなどの職員を雇用し、41自治体（47.1％、全体は30.4％）が「国際交流を担当する」職員を雇用している。また、「外国籍住民の生活支援・相談対応をする」職員を雇用しているのは45自治体（51.7％、全体は20.7％）、「日本語指導が必要な子どもたちに学校で日本語を教える」は40自治体（46.0％、全体は15.8％）にのぼり、全体よりかなり高い割合となっている。

「予算があれば、今後、外国籍・外国ルーツの職員等を増やしたい」という設問への回答として、「増やしたい」「どちらかといえば増やしたい」と回答した自治体は25自治体（28.7％、全体は16.7％）であり、この比率も全体より高い。25の自治体の自由記述欄では、外国籍等の職員雇用を増やしたい理由として、行政サービスの向上だけでなく、外国籍・外国ルーツ職員に独自の視点から事業の企画・立案をして欲しいという希望もあった。具体的には「外国人の立場や文化的背景知識を有した職員が必要」、「外国籍の人の目線で必要とされるサービスや事業の立案をしてもらいたい」、「通訳・翻訳業務だけでなく企画・立案部門に外国籍・外国ルーツの職員を配置できるといい」などがあった。ただし、外国籍等の職員の雇用に関しては予算的に難しいことに加え、「外国籍相談員の雇用に関する規則がない（雇用枠がない）」、「ポルトガル語の翻訳者の欠員が生じている」、「ベトナム人の急増に対し通訳人材がいない」など、制度上の問題に加えて特定の言語を理解する人材の不足が指摘されている。

4. おわりに

以上、本章では、全国の自治体を対象とした実態調査の結果と、回答自治体の一部に対して実施した聞き取り調査の結果を報告した。実態調査の報告からは、これまで外国籍住民が少なかった自治体を含む

多くの自治体において、近年、外国籍住民が増加していること、また、外国籍住民人口比率が高い自治体において、日本語指導が必要な児童生徒に学校で日本語を教える、あるいは外国籍住民の相談対応や行政サービスの翻訳を行う外国籍等の職員が雇用される傾向があることなどがわかった。

　これらの調査結果を踏まえ、13の自治体への聞き取り調査結果の紹介では、人口規模、外国籍住民人口比率で自治体を9つのカテゴリーに分け、聞き取り調査結果を報告し、併せてカテゴリーごとの雇用実態調査の回答傾向を、自由記述を含めて紹介した。自治体への聞き取り調査からは、最近になって外国籍住民が増加し始めた、人口規模が中規模以下の自治体において、日本語教室や生活相談窓口が設置され始めていること、外国籍住民人口比率が高い自治体において、役所や教育現場での通訳などとして多くの外国籍等の職員が雇用され、その貢献が高く評価されていること、それらの職員のほとんどは会計年度任用職員として雇用されているが、いくつかの自治体ではそれら職員の待遇改善や増員が課題となっていることなど、本書全体のテーマに関わるいくつかの重要な知見が得られた。

　カテゴリー別に実態調査の回答傾向を比較すると、外国籍住民人口比率が同程度である場合、人口規模の大きな自治体の方が、国際交流、外国籍住民への生活支援、日本語指導を担当する外国籍等の職員を雇用する自治体の比率が高かった。また外国籍等の職員の雇用展望についても、外国籍住民人口比率が同じくらいであれば、人口規模の大きい自治体に、「予算があれば増やしたい」と回答した自治体が多かった。「予算があれば増やしたい」と回答した自治体による自由記述欄からは、国際交流や国際理解の充実のため、あるいは行政サービスの充実のためといった理由に加え、外国籍・外国ルーツ職員の視点を事業の立案・実施に活かしてほしいという期待も述べられていた。他方で、採用のための予算がない、あるいは雇用枠がないことという財政上、制度上の課題や、人材の確保が難しいのではという募集上の懸念も、多くの自治体から挙げられていた。

以上の全体傾向を踏まえ、次章以下では、それぞれの自治体あるいは行政機関が持つ、外国籍等の職員への様々な期待の下で、外国籍等の職員がどのような形で採用され、どのような役割を担っているか、そしてそこにどのような課題があるかを、具体的な事例を取り上げつつ検討していく。

【注】

1）市町村人口は 2021 年 1 月 1 日の住民基本台帳、外国籍住民人口は 2020 年 12 月末の在留外国人統計の数字を用いた。なお、調査実施に関わる作業は（株）サーベイリサーチセンター静岡事務所に委託した。

2）他方で有期雇用の正職員が「いる」と回答した自治体と、「いない」と回答した自治体の同比率の平均はほぼ同じである（1.87％と 1.91％）。これは、外国籍住民人口比率の大小にかかわらず、多くの自治体で雇用されている「ALT（外国語指導助手、注 3 も参照）を含む」としたためと思われる。

3）JET プログラムとは、「語学指導等を行う外国青年招致事業」（The Japan Exchange and Teaching Programme）の略称で、「外国青年を招致して地方自治体等で任用し、外国語教育の充実と地域の国際交流の進展を図る事業」（自治体国際化協会 2024：1）である。ALT（Assistant Language Teacher、外国語指導助手）、CIR（Coordinator for International Relations、国際交流員）、SEA（Sports Exchange Advisor、スポーツ国際交流員）の 3 つの職種がある。2023 年 7 月の時点で、50 カ国から 5,831 人が参加している（自治体国際化協会 2024：2）。任用にあたっては自治体へ財政措置がなされる。

4）2023 年に自治体のウェブサイトで確認した限り、このカテゴリーの自治体で多文化共生推進プランあるいは指針などを策定しているのは 19 自治体（17.6％）であった。多文化共生推進プランを策定していることは、このカテゴリーの自治体においてはそれほど一般的なことではない。

【参考文献】

自治体国際化協会 2024「語学指導を行う外国青年招致事業 JET Programme」https://jetprogramme.org/wp-content/MAIN-PAGE/forcos/pamphlet/JET%20Programme_panphlet_web.pdf（2024 年 8 月 21 日最終閲覧）

市民国際プラザ（一般財団法人自治体国際化協会・市民国際プラザ）2020「「地域に飛び出す市民国際プラザ」団体活動インタビュー──島根県雲南市役所、一般社団法人ダイバーシティうんなん toiro」https://www.plaza-clair.jp/interview/contents/00115276.html（2024 年 8 月 21 日最終閲覧）

> 第2章

外国籍行政職員の活躍に向けて
―静岡県袋井市と焼津市の事例―

高畑　幸

1. はじめに

　日本では外国人住民が急増する中、彼ら／彼女らに関わる政策や施策を決定し実行するのが日本国籍者ばかりなのは何故か。本章はこの小さな問いから出発する。

　現在、日本で暮らす日本人は減っている。総務省が 2024 年 7 月 24 日に住民基本台帳に基づく人口動態調査を発表した。それによると、同年 1 月 1 日時点の日本人は 1 億 2156 万 1801 人で前年から 86 万 1237 人減ったという。減少は 2009 年から 15 年連続で、前年比の減少幅は 1968 年の調査開始以来、最大となった。一方、外国人は 11.01％増えて過去最多の 332 万 3374 人となった（総務省 2024）。佐賀県や山梨県の人口が約 80 万人なので、1 つの県の人口より多い日本人数が 1 年間で減ったことになる。外国人の来日や出生で日本全体の人口減少がある程度は緩和されつつも、日本各地で、住民が日本人から外国人に入れ替わっている。

　そして、外国人の居住地は広がる。1980 年代までは神奈川や大阪、兵庫等の在日韓国・朝鮮人が多い自治体に、1990 年代からは愛知、岐阜、三重、静岡、群馬等、自動車関連産業でブラジル日系人が多く働く自治体に集住地が見られた。2010 年代半ば以降、技能実習法施行や外国人材受け入れ拡大政策により、アジア諸国から来た労働者たちが工業地帯のみならず農村や漁村でも働く。外国人住民施策や多文化共生施策を策定し、実行する主体となる地方自治体の数は増加する

47

一方である。それにもかかわらず、市町村役場では正規職員のほとんどが日本国籍者である。外国人には言葉の壁だけでなく、在留資格や国籍の壁等、日本育ちの日本国籍者には想像しえない課題は多い。

　周知のとおり、外国籍者に参政権は無い。さらには、公務員を日本国籍者に限るという原則があり、「国籍条項」や「国籍要件」と呼ばれる。職員採用の受験資格に「日本国籍を有すること」という項目を入れることである。国籍条項や要件を外すか否かは賛否両論があるセンシティブなテーマである。外国人相談窓口に非常勤職員として外国籍者を雇うことはできるが、正規職員の採用に関する合意形成は円滑には進まないことがある。例えば、2022 年、群馬県は翌年の職員採用試験で国籍条項を全廃しようとしたが、県内外から電話やメール等で約 600 件の意見が寄せられた。ほとんどの意見が全面撤廃に否定的だったため県知事はその実施を先送りすることを発表した[1]。

　一方、市町村によってはこれが可能である。例えば、群馬県大泉町は 2024 年に実施する町職員採用試験で国籍条項を撤廃した。同町はブラジル人が多く暮らすことで知られている。課長職以上の管理職には就けず、徴税等の公権力を行使する職にも就けない等の制約はあるものの、国籍条項の撤廃は群馬県内の自治体で初めてだった。しかし、大泉町の動きに周辺の市町がすぐに追随するわけではなく、慎重論は根強い[2]。

　このように、外国籍職員採用への対応は自治体によりばらつきがあり、後述するように、職員採用試験の募集要項で国籍要件を外し、外国籍者も受験できるのは全都道府県と市のうち 4 割程度である。外国籍の教員については教育学者の中島智子らの共同研究による論集があるが（中島ほか 2021）、行政職員に関する先行研究は法解釈に関するものがほとんどで（例えば阿部 2011、堀江 2008）、その実態は明らかではない。したがって、本章は外国籍の行政職員に関する探索的考察と位置づけられる。

　本章は、先行研究および実態調査の報告書、そして静岡県内の中規模自治体である袋井市と焼津市への聞き取りから、2010 年代以降の

外国人人口の増加および国際交流の活発化に伴う外国籍職員採用の事例を示すものである。なお、筆者は両自治体の多文化共生推進プランの策定委員であり、策定委員会への参加を通じて両市で外国籍職員が活躍していることを知った。このように、2つの自治体の選定は作為的であることは最初に断っておく。

以下では、先行研究から地方自治体の外国籍職員の採用をめぐる法解釈の変遷と、1997〜98年および2019年時点での各自治体の職員採用における国籍要件の有無を記述する。その後、静岡県袋井市と焼津市における外国籍職員（正規）の採用経緯と職務内容を聞き取り調査から明らかにし、今後の展望を示した。

2. 増加する外国籍職員

2-1　外国籍職員採用と国籍要件

都道府県や市町村が外国籍者を職員として採用することを規制する法律はなく、職員採用試験に国籍要件を付けるか否かは各自治体の判断に任されている。その結果、外国籍者が地方公務員になろうとすると、自身が暮らす自治体では不可能だが隣の自治体に行けば可能、という事態が起きているのである。このような現状となるまでには、長い道のりがあった。

法学者の阿部昌樹によると、日本国籍を有しない者（以下、外国籍者と呼ぶ）の地方公務員任用の可否に関する法解釈は、「1990年代後半において、1つの均衡状態から、揺らぎを経て、新たな均衡状態へ移行した」という（阿部 2011：189）。1995年から96年を「揺らぎの時期」とし、それ以前は公務員任用の道が閉ざされていたところ、それ以降は複数の自治体で公務員任用の道が開かれた。以下に、阿部（2011）に依拠しつつ、時系列的に変遷を示していこう。

まず、国家公務員の任用では、1953年3月25日付の内閣総理大臣官房総務課長あて内閣法制局第一部長回答で「公務員に関する当然の法理として、公権力の行使又は国家意思の形成への参画にたずさわ

第2章　外国籍行政職員の活躍に向けて　49

る公務員となるためには日本国籍を必要とするものと解すべきであり、他方においてそれ以外の公務員となるためには日本国籍を必要としないものと解せられる」という見解が示された（阿部 2011：171）。以降、公務員が日本国籍者であることは「当然の法理」だという解釈が続く。

　一方、地方公務員の任用では、1952 年 7 月 3 日付の京都府知事あて地方自治庁公務員課長回答において「地方公務員法その他の国内法に何ら制限規程がないので、原則として差し支えない」という見解が示された（阿部 2011：172）。国家公務員と地方公務員を分けて考え、前者は日本国籍を持つことが当然だが、後者は外国籍でも良いという解釈である。

　その後、1973 年の自治省公務員第一課長回答および 1979 年の大平答弁書に示された法解釈に従い、職員採用試験の採用区分となっている職種ごとに、将来的に「公権力の行使又は公の意思形成にたずさわる職につくことが予想される職員」に該当するか否かを判断し、該当すると判断された職種の職員採用試験に関しては、日本国籍を有していることを受験資格とするが、それ以外の職種の職員採用試験に関しては、日本国籍を有していることを受験資格とはしないという実務が定着した（阿部 2011：176）。これに基づき、「公権力の行使又は公の意思形成」にたずさわる可能性がある一般事務職は日本国籍を要件とするが、その可能性がない、いわば専門職の獣医師や薬剤師に日本国籍を要件とするか否かは自治体ごとに差異が出た（阿部 2011：177）。

　1990 年代になると、それまで一般事務職に採用された職員が担ってきた職務の一部を区分した上で、もっぱらその職務のみを担い、将来的にも「公権力の行使又は公の意思形成にたずさわる職」に就くことはない職種を新たに設け、その採用試験には日本国籍を受験資格としないという対応が、いくつかの政令指定都市で取られた。例えば、横浜市、大阪市、神戸市、川崎市等で、「国際」「経営情報」等の職種がその対象となった（阿部 2011：177）。

一方、政令指定都市以外の市町村の中には、国の行政機構から示された法解釈に従わない市町村が現れ、1979年の大阪府八尾市を皮切りに、府内では大阪市以外の全市が1988年までに国籍要件を外した。それにならい、町村でも国籍要件を外す動きが進んだ。兵庫県内でも1991年までに、政令指定都市の神戸市を除く全市町村が、日本国籍を有しない者にも一般事務職の職員採用試験の受験を認めるようになった（阿部　2011：177-78）。

　その後、全国の政令指定都市に先んじて神奈川県川崎市が1996年度の職員採用試験において、「公権力の行使又は公の意思形成への参画にたずさわる」ことをその職務内容に含む管理職には就任させないことを条件として、消防職を除く全職種の職員採用試験の受験資格から国籍条項を外し、その採用試験が1996年6月に行われた（阿部2011：185）。教育学者の中島智子は外国籍教員に関する論考で、このことが外国籍者の受験が「当然の法理」が適用される職種とされない職に分けてと分割した上で募集する「川崎方式」として、後に教職員採用の国籍条項撤廃にも影響を及ぼすターニングポイントだったと書いている（中島2021：166）。

　この動きがさらに進むのが、同年11月の第二次橋本内閣発足後である。白川自治大臣は日本国籍を持たない者の地方公務員採用に関する従来からの自治省の法解釈を見直すよう指示した。ただ、結果的には法解釈の修正は最小限にとどめ、談話として「一般事務職等で日本国籍を持たない者を採用することは、日本国籍を持たないがゆえに昇任や転任を制約されることに本人が同意していれば法的に問題はなく、自治体は採用するかどうかを裁量的に判断できる」とした（阿部2011：188）。

　これを踏まえて、1997年には川崎市に加えて、高知県、神奈川県、大阪市、横浜市が一般事務職の採用試験で国籍要件を外した。既に国籍要件を外していた市町村はその職員採用実務に変化はなかったが、それに対する法的評価が自治省等から「黙認」されている状態から、白川大臣談話に示された新たな法解釈に従った、自治体としての裁量

的判断を合法的に行う状態へと変化した（阿部 2011：189）。

　次に、本章の調査対象となる袋井市と焼津市がある静岡県に目を向けよう。静岡県では 1997 年以前は全ての市町村で国籍要件がついていたが、上記の白川自治大臣談話を受けて静岡市が国籍要件を外した。当時の様子を『静岡新聞』は以下のように報じている。

国籍条項の撤廃を決めた静岡市が定住外国人 72 課で採用　有為な人材確保
『静岡新聞』1997 年 6 月 19 日朝刊
　一般行政職の採用に日本国籍が必要とした国籍条項の撤廃を決めた静岡市では来年度から、定住外国人が行政機構全 106 課のうち 7 割近くを占める 72 課で働くことができるようになる。「外国籍の人、特に日本で生まれ育った在日の人の公務就任の機会が広がり、地域共生社会を担う有為な人材が確保できる」と小嶋善吉市長。県市町村課は、自治体における撤廃の流れを背景に、県内市町村の動向調査を七月にもまとめる。
　県内初の撤廃を評価する声は高いが、同市の決断は「国籍条項を外す職種について基本的には地方公共団体の判断」とした白川勝彦自治相の談話（昨年 11 月）に負うところが大きい。小嶋市長は国の見解の緩和と受け止め「当市にとってプラスになることが多い。自治体でもできる規制緩和」として実施した。
　市が新たに作った任用基準に従えば、在日韓国・朝鮮人など特別永住権者や一般的な永住権のある外国人は、採用時に国籍の有無を問われず、命令や処分などで市民の権利や自由を制限する職以外なら、決裁権を持たない課長級職にまで昇任も可能になった。市当局は今後、「時代の流れや法律などの変化に対応する」という柔軟な考えも示している。（後略）

　とはいえ、1997 年時点で、静岡県内で国籍要件を外したのは静岡市のみで、他の自治体は追随しなかった。そのことは、在日コリアン

団体の全国調査でも明らかである。以下に、その調査について詳しくみていこう。

2-2　民団の調査結果

　上述の在日コリアン団体とは在日本大韓民国民団（以下、民団と呼ぶ）である。民団は1946年に東京で「在日本朝鮮居留民団」として発足し、在日同胞の法的地位確立と民生安定、文化向上、国際親善と祖国の発展、平和統一の実現を方針として活動してきた。その後、在日コリアンをとりまく状況は時代と共に変化し、日本に根を下ろして暮らす人びとが増えたことから、2010年に「居留」の2文字が外れ、現在は「在日同胞の、在日同胞による、在日同胞のための生活者団体」とされている（在日本大韓民国民団 日付不詳）。

　朝鮮半島出身者は、戦前は日本国籍を持っていたが、戦後に外国籍となった。戦後も日本に残って生活する人びとは多く、1990年代前半までは在日コリアンが日本最大の外国籍者集団であった。そのため、戦後から1990年代にかけての外国籍者の公務員任用問題は、在日コリアン団体と日本政府との交渉のテーマでもあった。

　前項で示したとおり、1996年11月の白川自治大臣談話を契機として外国籍者の公務員任用は各自治体の裁量とされた。その対応に関する実態調査が1997年から98年にかけて行われ、1998年に「公務員採用国籍条項全国実態調査」が公表された。調査主体は市民団体「97-98公務員採用国籍条項全国実態調査委員会」で、上記調査報告書の編者は岡義昭と水野精之であった[3]。その後、2019年、民団の中央本部人権擁護委員会が全国の862自治体（都道府県と市のみ）を対象に同様の実態調査を実施し、結果の分析を岡と水野に依頼した。1997～98年調査と2019年調査の結果を併記し比較したものが、岡・水野編（2021）である。

　岡・水野編（2021）によると、1997～98年時点で、すべての調査職種[4]で国籍要件を付けておらず、外国籍者が受験できる自治体は1県（高知県）と164市であった（表1）。次に164市を都道府県別

第2章　外国籍行政職員の活躍に向けて　53

表1　1997～98年時点で国籍要件を付けていない自治体

該当都道府県　内訳	合計
高知県	1
該当市　内訳	**合計**
（北海道）三笠市、富良野市	2
（宮城県）塩竈市	1
（茨城県）結城市、下妻市、北茨城市、取手市	4
（埼玉県）飯能市、草加市、越谷市、和光市、新座市、八潮市	6
（東京都）八王子市、立川市、武蔵野市、三鷹市、青梅市、府中市、昭島市、調布市、町田市、小金井市、小平市、日野市、東村山市、国分寺市、国立市、福生市、狛江市、東大和市、清瀬市、東久留米市、武蔵村山市、多摩市、稲城市、羽村市、あきる野市、西東京市	26
（神奈川県）横浜市、川崎市、相模原市、横須賀市、平塚市、鎌倉市、藤沢市、小田原市、茅ヶ崎市、逗子市、三浦市、秦野市、厚木市、大和市、伊勢原市、海老名市、座間市、南足柄市、綾瀬市	19
（新潟県）小千谷市、見附市	2
（長野県）松本市	1
（岐阜県）多治見市、瑞浪市	2
（静岡県）静岡市	1
（愛知県）岡崎市、瀬戸市、半田市、春日井市、碧南市、刈谷市、犬山市、常滑市、稲沢市、新城市、東海市、大府市、知多市、尾張旭市、高浜市	15
（滋賀県）大津市、彦根市、長浜市、近江八幡市、草津市、守山市	6
（京都府）福知山市、舞鶴市、綾部市、宇治市、宮津市、亀岡市、城陽市、向日市、長岡京市、八幡市、京田辺市	11
（大阪府）大阪市、堺市、岸和田市、豊中市、池田市、吹田市、泉大津市、高槻市、貝塚市、守口市、枚方市、茨木市、八尾市、泉佐野市、富田林市、寝屋川市、河内長野市、松原市、大東市、和泉市、箕面市、柏原市、羽曳野市、門真市、摂津市、高石市、藤井寺市、東大阪市、泉南市、四條畷市、交野市、大阪狭山市、阪南市	33
（兵庫県）神戸市、姫路市、尼崎市、明石市、西宮市、洲本市、芦屋市、伊丹市、相生市、豊岡市、加古川市、赤穂市、西脇市、宝塚市、三木市、高砂市、川西市、小野市、三田市、加西市	20
（奈良県）奈良市、大和高田市、天理市、橿原市、桜井市、五條市、御所市、生駒市、香芝市	9
（広島県）三次市	1
（山口県）下関市	1
（高知県）高知市、土佐清水市	2
（福岡県）小郡市	1
（熊本県）人吉市	1
合計数	164

表2　2019年時点で国籍要件を付けていない自治体

該当都道府県　内訳	合計
岩手県、愛知県、滋賀県、大阪府、鳥取県、高知県、大分県、沖縄県	8

該当市　内訳	合計
(北海道) 札幌市、函館市、小樽市、旭川市、釧路市、帯広市、北見市、江別市、赤平市、紋別市、士別市、名寄市、根室市、千歳市、滝川市、深川市、恵庭市、北広島市、石狩市、北斗市	20
(岩手県) 奥州市	1
(宮城県) 仙台市	1
(秋田県) 鹿角市	1
(福島県) 会津若松市	1
(茨城県) 下妻市、牛久市、つくば市	3
(埼玉県) さいたま市、所沢市、飯能市、本庄市、羽生市、草加市、越谷市、入間市、志木市、和光市、新座市、八潮市、吉川市	13
(千葉県) 千葉市、我孫子市	2
(東京都) 八王子市、立川市、武蔵野市、三鷹市、青梅市、府中市、昭島市、調布市、町田市、小金井市、小平市、日野市、東村山市、国分寺市、国立市、福生市、狛江市、東大和市、清瀬市、東久留米市、武蔵村山市、多摩市、稲城市、羽村市、あきる野市、西東京市	26
(神奈川県) 横浜市、川崎市、相模原市、横須賀市、平塚市、鎌倉市、藤沢市、小田原市、茅ヶ崎市、逗子市、三浦市、秦野市、厚木市、大和市、伊勢原市、海老名市、座間市、南足柄市、綾瀬市	19
(新潟県) 新潟市、上越市、魚沼市	3
(富山県) 魚津市	1
(石川県) かほく市	1
(福井県) 福井市、敦賀市、小浜市、大野市、勝山市、鯖江市、越前市、坂井市	8
(長野県) 松本市、岡谷市、飯田市、塩尻市、東御市、安曇野市	6
(岐阜県) 高山市、多治見市、関市、美濃市、恵那市、美濃加茂市、可児市、下呂市、海津市	9
(静岡県) 静岡市、浜松市、藤枝市、袋井市	4
(愛知県) 名古屋市、豊橋市、岡崎市、一宮市、瀬戸市、半田市、春日井市、豊川市、津島市、碧南市、刈谷市、豊田市、安城市、西尾市、蒲郡市、犬山市、常滑市、江南市、小牧市、稲沢市、新城市、東海市、大府市、知多市、知立市、尾張旭市、高浜市、岩倉市、豊明市、日進市、田原市、愛西市、清須市、北名古屋市、弥富市、みよし市、あま市、長久手市	38
(三重県) 津市、四日市市、伊勢市、松阪市、鈴鹿市、名張市、尾鷲市、亀山市、鳥羽市、熊野市、いなべ市、志摩市、伊賀市	13
(滋賀県) 大津市、彦根市、長浜市、近江八幡市、草津市、守山市、栗東市、甲賀市、野洲市、湖南市、高島市、東近江市、米原市	13
(京都府) 京都市、福知山市、舞鶴市、綾部市、宇治市、宮津市、亀岡市、城陽市、向日市、長岡京市、八幡市、京田辺市、京丹後市、南丹市、木津川市	15
(大阪府) 大阪市、堺市、岸和田市、豊中市、池田市、吹田市、泉大津市、高槻市、貝塚市、守口市、枚方市、茨木市、八尾市、泉佐野市、富田林市、寝屋川市、河内長野市、松原市、大東市、和泉市、箕面市、柏原市、羽曳野市、門真市、摂津市、高石市、藤井寺市、東大阪市、泉南市、四條畷市、交野市、大阪狭山市、阪南市	33
(兵庫県) 神戸市、姫路市、尼崎市、明石市、西宮市、洲本市、芦屋市、伊丹市、相生市、豊岡市、加古川市、西脇市、宝塚市、三木市、高砂市、川西市、小野市、三田市、加西市、丹波篠山市、養父市、丹波市、南あわじ市、朝来市、淡路市、宍粟市、加東市、たつの市	28
(奈良県) 奈良市、大和高田市、大和郡山市、天理市、橿原市、桜井市、五條市、御所市、生駒市、香芝市、葛城市、宇陀市	12
(和歌山県) 和歌山市、新宮市	2
(鳥取県) 鳥取市、米子市、倉吉市、境港市	4
(島根県) 松江市、益田市	2
(岡山県) 井原市、総社市、高梁市、真庭市、美作市	5
(広島県) 広島市、呉市、三原市、尾道市、福山市、府中市、三次市、庄原市、大竹市、東広島市、廿日市市、安芸高田市	12
(山口県) 下関市	1
(香川県) 高松市、さぬき市、東かがわ市、三豊市	4
(愛媛県) 新居浜市	1
(高知県) 高知市、室戸市、南国市、土佐市、土佐清水市、四万十市、香南市、香美市	8
(福岡県) 北九州市、福岡市、大牟田市、久留米市、直方市、飯塚市、田川市、柳川市、八女市、筑後市、大川市、行橋市、豊前市、中間市、小郡市、筑紫野市、春日市、大野城市、宗像市、太宰府市、古賀市、福津市、うきは市、嘉麻市、朝倉市、みやま市、糸島市、那珂川市	28
(佐賀県) 鳥栖市	1
(長崎県) 五島市	1
(熊本県) 熊本市、人吉市	2
(大分県) 大分市、別府市、日田市、佐伯市、臼杵市、津久見市、竹田市、豊後高田市、杵築市、宇佐市、豊後大野市、由布市、国東市	13
合計数	355

第2章　外国籍行政職員の活躍に向けて　　55

にみると、東京、神奈川、大阪、兵庫に国籍要件を付けない市が比較的多い。これらの都県には在日コリアンが多く、在日コリアン団体と各地方自治体との交渉が長期に渡って行われてきたのだろう。

その後、国籍要件を付けない自治体は増え、2019年調査においてこの数は倍増する。全ての調査職種で国籍要件を付けていない自治体は8県と355市に上った（表2）。都道府県数が1（高知県）から1府7県（岩手県、愛知県、滋賀県、大阪府、鳥取県、高知県、大分県、沖縄県）へと大きく増加した。また、355市を都道府県別でみると、北海道、埼玉、東京、神奈川、愛知、滋賀、京都、大阪、奈良、広島、福岡、大分に国籍要件を外した市が多い。在日コリアンが多い神奈川と近畿地方以外にも広がった。2019年調査は、全国862自治体（都道府県および市）を対象にしており、そのうち1府7県と355市の合計363自治体（42.1％）で外国籍者が各職種で受験可能となった。

このように、外国籍者にとって受験機会は増えたものの、全国の自治体で（非常勤、会計年度任用職員を除く）正規職員として働く外国籍者の総数は明らかではない。2024年5月24日に参政党が第213回国会で政府に対して「地方自治体職員の国籍に関する質問主意書」（参議院2024a）を提出し、それに対して岸田文雄首相は「政府として網羅的に把握していない」（参議院2024b）と答弁している。

2-3 小括

上記にみたように、自治体における外国籍職員の採用は長い時間をかけて進展してきた。在日コリアン団体と地方自治体との交渉からその道が開かれ、2019年時点で全国の自治体の約4割が国籍要件を外している。2020年以降、さらにその数は増えた（例えば、冒頭で示した群馬県大泉町）。

次に、静岡県で1990年代以降に外国人人口が増えた自治体での外国籍職員の採用について具体的に見ていこう。

3. 静岡県の自治体における外国籍職員

　前項で示した民団による 2019 年の調査では、静岡県内で職員採用に国籍要件を付けていないのは、静岡市、藤枝市、袋井市、浜松市のみである（表2）。隣の愛知県では多くの市が国籍要件を外しているのに対し、静岡県では外国籍職員の採用が低調である。静岡県において在日コリアン（韓国・朝鮮籍）人口は比較的少なく、多いのは1990 年の入管法改正で来日し定住を始めたブラジル日系人なのだが、これがその理由かは定かではない。

　表 3 は、2023 年末時点での静岡県、袋井市、焼津市の外国人人口とその出身国（国籍）の上位 5 位を示している。いずれも韓国籍と朝鮮籍は上位に入っておらず、ブラジル人、フィリピン人、ベトナム人が上位 3 位に入る。静岡県と袋井市はブラジル人が 1 位、焼津市はフィリピン人が 1 位である。これらの自治体では日系人（ブラジル、フィリピン）が定住または永住者として、そして技能実習生等の労働者（ベトナム人）が 3 〜 5 年の期限付きで滞在しており、製造業等に従事している。

表 3　静岡県、袋井市、焼津市の外国人人口と国籍の上位 5 位

		静岡県	袋井市	焼津市
外国人総数		115,642 人	5,922 人	5,649 人
国籍別	1 位	ブラジル（32,631 人）	ブラジル（3,195 人）	フィリピン（2,212 人）
〃	2 位	フィリピン（19,728 人）	ベトナム（986 人）	ベトナム（964 人）
〃	3 位	ベトナム（18,052 人）	フィリピン（383 人）	ブラジル（806 人）
〃	4 位	中国（10,199 人）	中国（309 人）	インドネシア（306 人）
〃	5 位	インドネシア（5,854 人）	インドネシア（218 人）	中国（288 人）

出典：在留外国人統計（2023 年 12 月末現在）[5]

　上記の通り、1997 〜 98 年の調査では静岡市のみが国籍要件を外していたが、2019 年調査では、新たに藤枝市、袋井市、浜松市が加わった。以下では、いずれも国際交流や多文化共生の部署で外国籍職員の存在が確認できた袋井市と焼津市の事例をみていく。結論を先取

りすれば、2010 年代後半以降のスポーツイベントが契機となり、専門性が高い外国籍職員を任期付職員として雇用していた。

3-1　静岡県袋井市の事例

　袋井市は静岡県西部にある総人口 8 万 8047 人の中規模都市だが、自動車関連の工場が多く、表 3 に示したとおりブラジル人を中心に 5652 人の外国人が暮らし、総人口に占める外国人人口比率が 6.42% にのぼる（2024 年 4 月現在）[6]。この外国人数は 10 年前（2014 年）に比べると 1.9 倍となっており、この増加率は県内市町で最も高い。同市の人口ビジョンでは、2060 年には総人口が 8 万人で同市市民の 7 人に 1 人（14.2%）が外国人になると予測されている。

　袋井市は 2018 年度と 2019 年度の職員募集で常勤一般職に外国籍特別枠を作った。募集要項によると、職種は一般事務員、人数は若干名、勤務場所と職務内容は本庁、支所又はその他出先機関での一般事務である（図 1）。但し書きには、職務内容について「『公権力の行使または公の意思の形成に参画する公務員については、日本国籍を必要とする』という公務員の基本原則に基づき、従事できる職務内容に一部制限があります」とあり、従事できる職務例として地域コミュニティ活動支援、防災対策、シティプロモーション、スポーツ振興、観光、社会・学校教育等、従事できない職務例として市税等の賦課・滞納処分、生活保護の決定、都市計画決定等を挙げている。

　2018 年度採用の受験資格は次の要件をすべて満たす人である。① 日本国籍を有しない者で、平成 31 年 3 月 31 日時点で在留資格を有する者（但し、平成 31 年 4 月 1 日以降に就労が認められる在留資格が取得できなかった場合は、採用しない。）、②昭和 58 年 4 月 2 日以降に生まれた人、③次の（1）または（2）に該当する者。（1）日本の高等学校を卒業した者及び平成 31 年 3 月までに卒業見込みの者並びに同等の資格を有する者。（2）国際交流基金及び財団法人日本国際教育支援協会が運営する日本語能力試験で N2 レベルの認定を受けている者またはそれに相当すると認められる者。なお、任用形態は 5

> 平成30年度
> # 袋井市 職員採用試験案内
> ## ≪外国籍職員募集≫
> ### 【一般事務員（任期付職員採用）】
> ～ふくろいの未来にあなたの力を～
>
> [申込受付期間] 11月1日(木)～12月28日(金)
> ※郵送の場合、12月28日必着
>
> [申込受付時間] 午前8時30分～午後5時15分
>
>
>
> ※記入内容確認のため、土曜日・日曜日・祝日は除きます。
>
> http://www.city.fukuroi.shizuoka.jp/
>
> ---
>
> **1 職種、採用予定人数**
>
> [外国籍職員採用（任期付職員）]
>
> | 職　種 | 採用予定人数 | 勤務場所及び職務内容 |
> |---|---|---|
> | 一 般 事 務 員 | 若干名 | 本庁、支所又はその他出先機関での一般事務 |
>
> 《注》職務内容については、「公権力の行使または公の意思の形成に参画する公務員については、日本国籍を必要とする」という公務員の基本原則に基づき、従事できる職務内容に一部制限があります。
>
> （1）「公権力の行使」に該当しない職務（従事できる職務）と該当する職務（従事できない職務）の代表例は次のとおりです。
>
> | 該当しない職務（従事できる職務） | 該当する職務（従事できない職務） |
> |---|---|
> | 地域コミュニティ活動支援、防災対策、シティプロモーション、スポーツ振興、観光・社会・学校教育等 | 市税等の賦課・滞納処分、生活保護の決定、都市計画決定等 |
>
> （2）「公の意思の形成へ参画」する職は、次のとおりです。
> 　行政施策の企画立案、予算の編成等施策的判断を伴う事務について決定権を有する職

図1　袋井市の外国籍職員募集要項（平成30年度）

年間の任期付職員で、任期満了後、任期に定めのない職員の採用試験を受験することもできる。

　この特別枠による職員採用について、袋井市職員に聞き取りをしたところ、以下の通り詳細が明らかになった[7]。

　外国籍職員の任用は、当時の市長の考えによるものである。市長はかつて県の国際交流課長を務めたほか、アメリカ勤務の経験があり、多様な考えを受け入れるほうが市も発展するというのが市長の考えだった。また、2019年に袋井市にあるエコパスタジアムでラグビーワールドカップが、翌2020年には市内で東京オリンピックの事前キャンプが行われることが予定されていた。これに向けて2015〜16年度から国際交流や多文化共生の推進が市の方針の一つとなっていたことが、外国籍職員の採用への後押しとなった。

　この特別枠は静岡県内では初めての試みで、さらには全国でも珍しい取り組みであり、採用試験を作るのに苦労した。なお、初めての制度だったため、一定期間の後に見直しを行うことを想定して任期付（5年）とした。この特別枠設置についてメディアからの取材はあったが、市民からの反対意見は寄せられなかった。募集要項は市の公式ホームページや国際交流協会を通じて周知を行った。

　2018年度に行った採用試験では2人が採用されて2019年度に着任した。いずれも日本で就労可能な在留資格を持ち、採用前に既に長期間日本で暮らしていた人たちである。職員Aさんは中国籍で、2019年度、企画政策課国際交流室に着任した。育休をはさんで2022年度に復帰した。聞き取り時点（2022年6月）では国際交流や地域外交の窓口を担当する。台湾にある交流都市との窓口を担当するほか、市の情報をSNSや市の公式サイトで発信している。職員Bさんはブラジル国籍で、危機管理課に配属されたが、その後、自己都合で退職した。在任中は県の国際交流協会と連携して外国人向けの防災の講習会に携わっていた。また、2019年度の採用試験を受け2020年度に着任した職員Cさんは日本育ちのブラジル国籍者で、学校教育課学力向上推進係での採用であった。各学校での保護者に対するお知

らせ等、学校教育課が担う職務を全般的に担っている。したがって、この特別枠での採用者で調査当時に在任中は2人であった。

外国籍職員と所属長との面談は年間合計3回ある。内訳は目標設定に関する面談を年間2回、人事異動に関する面談を1回である。外国籍職員にはルーティンワークをさせることもできるが、面談から、それよりもある程度役割意識を持たせ、国際交流や職員の意欲に沿った仕事をさせると、より彼ら／彼女らが力を発揮できるとわかったという。

特別枠により採用された2人は同様の立場の先輩がまだいないため、上記のような面談と上司による担当業務の振り分けへの配慮が彼ら／彼女らのモチベーションの維持には重要だと思われる。

3-2　静岡県焼津市の事例

焼津市は静岡県中部にある総人口13万934人の中規模都市で、遠洋漁業の基地となる港があり、カツオとマグロの水揚げ高は全国首位である。フィリピン人を中心に5,409人の外国人が暮らし、総人口に占める外国人人口比率が3.88％にのぼる（2023年12月現在）[8]。この外国人数は10年前（2013年）の3,002人に比べると1.8倍となっており、袋井市と同様に伸びが大きい。

焼津市に勤務するモンゴル国籍の職員Dさんに、その採用過程と現在の職務内容について聞き取りをしたところ、以下の通り詳細が明らかになった[9]。

Dさんは2016年12月に来日し、2024年8月現在まで焼津市役所で勤務している。モンゴルで生まれ育ち、同国で大学（日本語専攻）を卒業した。焼津市の職員となる発端は、来日前に静岡県の国際協力事業でモンゴル語と日本語の通訳をしたことだった。静岡県は2012年、モンゴルのドルノゴビ県と相互交流の覚書を交わし、相互の訪問と国際協力が続いていた。2016年のはじめ、国際協力機構（JICA）、静岡県、ドルノゴビ県の三者でモンゴルに汚水の浄水技術を導入するプロジェクトがあり、通訳の募集があったのでDさんが応募し、採

用された。そのプロジェクトでは6～7月に静岡県から技術者らがモンゴルに来てDさんが通訳をしたのだが、ちょうど同じ時に焼津市長もウランバートルに来ていて、Dさんはそこで初めて焼津市長に会った。当時、2020年に東京でオリンピック・パラリンピック競技大会（以下、オリ・パラと略す）が開催されることが決定しており、オリ・パラを控え、焼津市は事前キャンプ地としてモンゴルの代表選手団を受け入れる検討をしており、モンゴルと焼津市をつなぐ嘱託職員としての打診を受けた。上記のプロジェクトで知り合った人たちからの勧めもあり、オリ・パラまでならと考え、12月に来日した。モンゴルで焼津市長と会ってから来日まで、わずか半年間の出来事であった。

　来日から3年を経過した2019年度から正規の任期付き職員となり、Dさんはモンゴルと焼津市との窓口としてさらに活躍することとなった。基本的業務は、オリ・パラでの事前キャンプ地としてモンゴルの4競技団体を焼津市に受入れることである。オリ・パラ開催まで、この4競技団体と焼津市民とが交流を深め、応援の機運を高めるため、代表選手団の強化練習を焼津市で行った。その段取り、来日中の選手対応と通訳をDさんが担当した。このほか、文化交流活動として公民館や学校等でモンゴル文化講座、馬頭琴交響楽団のコンサート受入れ、モンゴル祭りを開催した。市民交流（訪問団の往来）の日程調整や通訳もDさんの業務であった。

　新型コロナウィルス感染症拡大のため、オリ・パラは2021年に延期となった。オリ・パラ期間中、感染対策のため選手たちは競技終了後72時間以内に選手村を出るというルールが設けられた。しかし、モンゴルと日本を結ぶ定期便は週1便なので、選手村を出てから帰国便に乗るまでに選手たちには待ち時間が発生する。その間、Dさんが連絡調整をして4競技以外の選手団も焼津市で受入れ、帰国便に合わせて成田空港へ送り届けた。オリ・パラでのモンゴル選手団へのサポートに対し、2022年4月、モンゴル政府は焼津市長に友好勲章を授与した[10]。

2022年度から両国の往来がしやすくなり、高校生のスポーツ交流をはじめ各種の市民交流が再開した。2022年12月1日には「焼津モンゴル友好協会」が発足し、モンゴルとの交流事業や市民向けの発信を行う。オリ・パラが契機となり焼津市職員となったDさんだが、オリ・パラ後も市の地域外交を担っている。この間、Dさんは焼津市とモンゴルとの交流を陰に日向に支えてきた。市役所内の朝礼でモンゴル語のミニ講座を開くほか、モンゴルを訪問する市職員らに両国の文化の違いを教えたりする。例えば、日本の役所では先々の計画を立てて行動するがモンゴルでは突発的な話や直前の変更が多発すること、モンゴル人にはストレートにものを言う方がよいこと、等である。

　Dさんによるアドバイスは一般的な異文化の解説にとどまらない。同じ自治体職員同士という立場で、同じ職務上の目的を遂行するための適時的なアドバイスが周りの職員に届き、地域外交の実施を円滑にしている。

3-3　小括

　以上、袋井市と焼津市の外国籍職員採用の事例をみてきた。袋井市では従事できる職務例を明示して外国人特別枠の公募を行った。この枠で採用されて現在も働くのは中国籍者（市民相談、地域外交、広報等）とブラジル国籍者（外国人児童生徒と保護者の対応等）で、両者とも採用前から同市または近隣市で暮らす人びとである。焼津市においてはモンゴルからの直接雇用でモンゴル国籍者が嘱託職員として着任し、後に任期付の正規職員となった。

　袋井市の雇用方法は上記の阿部論文で言及された、1993年度に横浜市、大阪市、神戸市が行った募集方法と類似している。すなわち、将来的にも「公権力の行使又は公の意思形成にたずさわる職」に就くことがない職種を新たに設け、その職員採用試験において国籍要件を外すというものである。上記の3市では「国際」「経営」「情報処理」等の職種が設けられていた（阿部 2011：177）。それから25年後、

袋井市においては特定の職種は新設せず、募集要項において従事できる職種の事例を列挙するのみとし、採用後に従事する職種に幅を持たせた。Aさんは海外都市交流や情報発信で活躍し、Cさんは日本育ちの外国籍者として、自分の経験も交えながら外国ルーツの子どもと保護者にアドバイスができるのが強みである。Cさんは日本の学校に通って日本で大学を卒業しており、外国ルーツの子どもたちにはロールモデルとなる。同時に、学校の教員には自分の体験から、外国ルーツの子どもと保護者の悩みや配慮すべき点を伝えることができるのである。ここにCさんの翻訳者役割が発揮される。

焼津市の場合は、時期（東京オリ・パラまで）、目的（ホストタウン関連業務）、能力（日本語とモンゴル語の通訳・翻訳）が明確で、採用されたDさんは嘱託職員として働き始めて3年後に任期付職員となった。オリ・パラ後も両国の市民交流の窓口として焼津市で働くDさんは、両国の働き方やコミュニケーションのスタイル等の小さなアドバイスをすることで両国の市民交流を円滑にしている。従来、自治体の国際交流担当者はJETプログラムのCIR（国際交流員）枠[11]での採用が一般的であったが、Dさんの採用は焼津市独自のものであり、先進事例と言える。

4. おわりに

本章では、1990年代に見られた地方自治体での外国籍職員採用をめぐる法解釈と採用実務の変遷、静岡県袋井市と焼津市での外国籍職員の採用方法と、彼ら／彼女らの職務上の活躍、そして翻訳者役割を見てきた。大阪府や兵庫県等、1990年代から外国籍職員の採用が進んでいた県に比べると、静岡県はこの分野で後発である。2019年の民団による調査では県で職員採用の国籍要件を外しているのは23市のうち4市にすぎない。袋井市は特別枠で、焼津市は嘱託職員からの正規雇用でと方法は違うが、自治体の業務に必要な外国籍者を採用している。彼ら／彼女らは確かに、本書のテーマである「翻訳者役

割」を担っている。

　焼津市の採用方法は「高度人材型の外国籍行政職員」と呼べるのではないだろうか。「高度人材」とは、専門職の来日と滞在を促進するため、オーストラリアやカナダの制度を真似て「高度人材のポイント制度」が 2012 年に導入されたことを契機に普及した用語である（出入国管理庁 刊行年不詳）。転じて、ポイント制の対象外でも、国内外で大学卒の学歴を持ち専門性を生かして働く外国人も高度人材や専門人材と呼び、海外在住者を直接雇用する日本企業が増えている。

　現在、日本全体で外国人人口が急増し、地方自治体においても外国人比率が高まり、「住民」は多国籍、多言語、多文化化している。この時代に必要とされる行政サービスや地域外交の担い手として、語学力だけでなく、円滑なコミュニケーションと状況に応じた柔軟な判断と行動ができる外国籍職員が必要とされている。JET プログラムのCIR の場合は総務省・外務省・文部科学省・自治体国際化協会を介しての募集と人選になるため、募集から着任までに 8 か月程度かかるが [12]、焼津市の場合は短期間で選考して短期間で（D さんの場合は募集を知ってから 2 か月程度）で来日し着任した。JET プログラムのような国の制度を介さずとも、地域外交による特定国や都市とのつながりで人選ができるのが「高度人材型」である。

　従って、冒頭に示した問い「日本では外国人住民が急増する中、彼ら／彼女らに関わる政策や施策を決定し実行するのが日本国籍者ばかりなのは何故か」に対する答えは「現在では日本国籍者がほとんどだが、施策の決定やその実行に関わる外国籍者は少しずつ増えている」となる。そして、焼津市のような高度人材型の外国籍行政職員の採用が進むことが今後の展望である。

　本章では 2 市のみを事例としたが、袋井市は外国籍職員の上司にあたる日本人職員、焼津市は外国籍職員本人にと、聞き取り対象が異なるため得られた情報に偏りがでてしまっていることも否定できない。その修正を含め、今後はより多くの市において同様の採用事例に関する調査を進めたい。そのさい、高度人材型外国籍職員の募集方法

第 2 章　外国籍行政職員の活躍に向けて　　65

やそのルートも明らかにしたい。しかし、楽観的な見通しばかりでは
ない。外国籍職員の増加に対する批判的な意見やバックラッシュが起
こる懸念が常にある。この点は上記の中島智子の共編著者である呉永
鎬も指摘している（呉 2021：227）。今後とも、外国籍職員の採用を
巡る世論や言説の形成を注視し、外国籍職員が安心と安全のもとに職
務上で活躍できるよう、彼ら／彼女らが行政職員であることに対する
理解を広げていきたい。これらが今後の課題である。

【注】

1）「群馬県職員採用の国籍条項撤廃は先送り…寄せられた意見のほとんどが否定的」『読
売新聞』2022 年 11 月 30 日
https://www.yomiuri.co.jp/national/20221130-OYT1T50085/（2024 年 11 月 7 日 最
終閲覧）

2）「日系 3 世「夢持てる」 外国籍でも公務員に 町が国籍条項撤廃」『朝日新聞』2024
年 2 月 11 日
https://www.asahi.com/articles/ASS2B6WS8S21UHNB00L.html（2024 年 11 月 7 日
最終閲覧）

3）同書の奥付によると、両者の紹介は「立教大学大学院 21 世紀社会デザイン研究科修士
課程修了」とあるが現職は不明である。

4）調査職種は以下の通り。都道府県および政令指定都市は行政事務、学校事務、土木、
建築、保育士、保健師、司書、獣医師。一般市・特別区・中核市は行政事務、土木、建
築、保育士、保健師、司書、獣医師。

5）在留外国人統計
https://www.e-stat.go.jp/stat-search/files?stat_infid=000040186957（2024 年 11 月 7
日最終閲覧）

6）袋井市多文化共生推進懇話会資料（2024 年 8 月 19 日）による。

7）2022 年 6 月 1 日に聞き取り。なお、部署名は当時のものである。

8）「統計やいづ」による。表 3 とは出典が異なるため数字も異なっている。
https://www.city.yaizu.lg.jp/documents/18395/107_b_jinkousetai.pdf（2024 年 11 月 7
日最終閲覧）

9）2024 年 6 月 4 日に聞き取り。なお、部署名は当時のものである。

10）「東京五輪・パラホストタウンとして尽力 焼津市長にモンゴルから勲章（静岡県）」
SBS ニュース 2024 年 4 月 13 日
https://www.youtube.com/watch?v=2e1fhJggKUs（2024 年 11 月 7 日最終閲覧）

11）JET プログラムは 1987 年に始まり、地方自治体が総務省、外務省、文部科学省およ

び自治体国際化協会の協力の下に実施される「語学指導等を行う外国青年招致事業」である。

https://jetprogramme.org/ja/about-jet/（2024年11月7日最終閲覧）

12）JET パンフレット

https://jetprogramme.org/ja/nin-pamphlet/（2024年11月7日最終閲覧）

【参考文献】

阿部昌樹 2011「自治体主導の法変容：日本国籍を持たない者の地方公務員への任用をめぐって」『大阪市立大学法学雑誌』57（2）：159-203

岡義昭・水野精之編著 2021『全国862自治体の報告 公務員採用における国籍要件と欠格事由——試験設計の全体像を概観しながら 上・下』在日本大韓民国民団中央本部・人権擁護委員会

呉永鎬 2021「外国籍教員研究の問題構成と今後の課題」中島智子・権瞳・呉永鎬・榎井縁『公立学校の外国籍教員—教員の生（ライヴズ）、「法理」という壁』明石書店、227-243

在日本大韓民国民団 日付不詳「民団とは」https://www.mindan.org/aboutus.php（2024年11月7日最終閲覧）

参議院 2024a「地方自治体職員の国籍に関する質問主意書 質問本文」https://www.sangiin.go.jp/japanese/joho1/kousei/syuisyo/213/syup/s213145.pdf（2024年11月7日最終閲覧）

参議院 2024b「地方自治体職員の国籍に関する質問主意書 答弁本文」https://www.sangiin.go.jp/japanese/joho1/kousei/syuisyo/213/toup/t213145.pdf（2024年11月7日最終閲覧）

出入国在留管理庁 刊行年不詳 「高度人材ポイント制とは？」https://www.moj.go.jp/isa/applications/resources/newimmiact_3_system_index.html（2024年11月7日最終閲覧）

総務省 2024「住民基本台帳に基づく、人口、人口動態及び世帯数（令和6年1月1日現在）」https://www.soumu.go.jp/main_content/000892947.pdf（2024年11月7日最終閲覧）

中島智子 2021「外国人公務就任権と公務員に関する『当然の法理』という制約」中島智子・権瞳・呉永鎬・榎井縁『公立学校の外国籍教員—教員の生（ライヴズ）、「法理」という壁』明石書店、157-178

中島智子・権瞳・呉永鎬・榎井縁 2021『公立学校の外国籍教員—教員の生（ライヴズ）、「法理」という壁』明石書店

堀江薫 2008「外国人の人権—公務員の採用と国籍」『県立新潟女子短期大学紀要』45：243-259

第3章

技能実習生の受け入れ促進をめぐる
ベトナム人会計年度任用職員の役割
―「選ばれ続ける」まちをめざす岡山県美作市―

二階堂　裕子

1. はじめに

　今日の日本は、世界でも類を見ない勢いで少子高齢化が進み、それによって慢性的な労働力不足に陥っている。この危機的状況を緩和する方策として、近年、各地で外国人労働者の呼び入れが急速に拡大してきた。なかでも、いちじるしい増加ぶりを示しているのが、外国人技能実習生（以下、「技能実習生」）である。人手不足にあえぐ企業のなかには、技能実習生の雇用なしに、事業の維持が望めないというところも少なくない。そうなると、地域経済の安定性を脅かすことにもつながる。

　しかしながら、日本政府は「移民を認めない」という方針のもと、これまで海外からの移住者の就労や生活を支える政策を十分講じることなく、今日に至っている。その結果、移住者と受け入れ社会の双方に少なからず弊害が生じているのが現状である（高谷編 2019）。

　こうした政府の移民政策不在のなか、2001 年に「外国人集住都市会議」が発足した。集住都市会議を構成する自治体[1]は、その大半が製造業の集積地であり、1990 年代からブラジル人をはじめとする日系南米人の集住が進んだ都市である。その目的は、都市間連携を構築し、外国人住民をめぐるさまざまな問題の解決に取り組むことと、多文化共生社会の基盤整備を国や県などへ提言することにある（外国人集住都市会議 2024）。日系人の場合、家族帯同が認められていることから、外国にルーツを持つ子どもの教育支援などの新たな対応が求め

られるようになった。同時に、日系人の定住化も進みつつある。このような現状を背景に、多岐にわたる課題が顕在化した自治体では、待ったなしの対応が求められている。よって、集住都市会議の取り組みは、立場を共有する自治体が手を結び、ともに課題を克服しようとする試みであるのだ。

　他方で、前述のとおり、技能実習生の雇用が各地で急速に進んでいるにもかかわらず、技能実習生の受け入れに必要な体制の整備や地域住民との関係構築などといった諸課題に取り組む自治体は、現時点でほとんど見あたらない。その背景には、「『技能実習生の受け入れ』は民間の企業活動の一環」（大村 2019：136）であり、自治体が関与すべき領域ではないと捉えられていることがあるだろう[2]。また、技能実習生は、家族帯同が認められていないので、子どもの教育をめぐる問題などが発生せず、しかも滞在期間が3年ないしは5年という「非定住型」の外国人であるがゆえに、地域社会において「認知されにくい存在」であることも、自治体の事業の対象とはなりにくいことに影響している（二階堂 2019b）。

　以上のような現状把握のもと、本章では、2015 年よりベトナム人技能実習生の受け入れをめぐるさまざまな事業の政策化を精力的に展開してきた岡山県美作市に着目する。同市は、その一環としてベトナム人会計年度任用職員[3]を採用し、ベトナム人技能実習生の受け入れ体制を整備してきた。

　以下ではまず、近年、外国人技能実習生がとくに地方部で急増しているものの、当該地域における外国人住民の受け入れをめぐってさまざまな課題が顕在化していることを明らかにする。次に、美作市におけるベトナム人技能実習生の就労状況や、行政としての受け入れ体制整備の意図を整理する。続いて、同市の事業展開においてベトナム人会計年度任用職員が担っている役割を明らかにする。そのうえで、過疎化がきわめて深刻な中山間地域の小規模自治体が、ベトナム人職員を採用することの意義や課題とは何かについて考察したい。

出典：出入国在留管理庁「在留外国人統計」（各年版）より作成
図1　国籍別にみた技能実習生数の推移

2．地方部における技能実習生への依存の高まり

　外国人技能実習制度は、経済発展を担う「人づくり」に寄与するという国際協力の推進を目的として、1993年に新設された。技能実習生が、母国では修得しがたい技能や知識を日本で身につけ、帰国後にそれらを活かして社会の発展に貢献する、というのがその趣旨である。

　けれども、経済界からの要請に応える形で、技能実習生の受け入れ可能な職種が、制度新設時の17職種（製造業・建設業）から、農業や漁業、介護などを含む91職種（2024年9月30日時点）へ大幅に拡大されたことが示すように、現実には、日本人従業員の確保が困難な職場の労働力調達の手段として機能してきた。

　実際のところ、図1のとおり、2013年に155,206人であった技能実習生の数は、その後10年間で404,556人となり、いちじるしく増加している。コロナ禍の影響で2020年と2021年はその数が前年よりも大幅に減少したものの、2022年には増加に転じ、2023年になる

とパンデミック前の数に迫る勢いで急拡大を遂げた。また、国籍別の人数を見ると、この10年間で中国に代わってベトナムが最大多数となり、2023年末の時点で全体の50.2％を占めるに至っている。

技能実習生の雇用拡大は全国的な潮流であるものの、大都市圏や製造業集積地とそれ以外の地方部では、技能実習生への依存の度合いが異なる。表1は、2018年に対する2023年の技能実習生数の増加率をみたとき、とくに増加がいちじるしい都府県上位10位までを示したものである。この表の右側の欄には、各々の都府県で就労する外国人の在留資格について、割合の高いものを記載している（2023年）。ここから見て取れるのは、大都市圏の東京や京都、および製造業集積地の山梨、神奈川において、「技能実習」以外の在留資格が多数を占めるのに対し[4]、太字で示した和歌山、奈良、秋田、高知、熊本では、「技能実習」の占める割合がもっとも高いということである。とりわけ、秋田、高知、熊本の各県において、当該県内の外国人労働者のうち、「技能実習」が約半数を占めている点は、注目に値する。す

表1 技能実習生の増加率が高い都府県上位10位

	都府県名	2018年 （人）	2023年 （人）	増加率 （％）	在留資格別外国人の割合（2023年）
1	**和歌山**	905	1,857	105.2	**技能実習：39.7％**、専門的・技術的分野：29.0％
2	沖縄	1,414	2,673	89.0	専門的・技術的分野：37.0％、資格外活動：20.3％
3	山梨	1,432	2,567	79.3	身分に基づく：42.5％、専門的・技術的分野：24.8％
4	東京	15,182	27,065	78.3	専門的・技術的分野：39.2％、身分に基づく：27.5％
5	神奈川	9,776	16,557	69.4	身分に基づく：39.4％、専門的・技術的分野：29.9％
6	**奈良**	1,805	2,995	65.9	**技能実習：35.5％**、専門的・技術的分野：30.3％
7	**秋田**	958	1,501	56.7	**技能実習：47.5％**、専門的・技術的分野：23.6％
8	**高知**	1,534	2,377	55.0	**技能実習：52.7％**、専門的・技術的分野：24.9％
9	京都	3,773	5,795	53.6	専門的・技術的分野：34.4％、資格外活動：21.6％
10	**熊本**	6,295	9,489	50.7	**技能実習：52.1％**、専門的・技術的分野：29.1％
	全　国	308,489	412,501	33.7	身分に基づく：30.1％、専門的・技術的分野：29.1％

出典：厚生労働省「『外国人雇用状況』の届出状況まとめ」（平成30年10月末現在・令和5年10月現在）をもとに作成

※「専門的・技術的分野」には「技術・人文知識・国際業務」など、「資格外活動」には「留学」など、「身分に基づく」には「永住者」などがそれぞれ含まれる

なわち、地方部、とくに大都市圏から遠距離に位置する地域では、日本人若年層の流出が止まらないこともあって、労働者を確保するために、技能実習生に対する依存度がより高くなっているのだろう。

このように、深刻な過疎化に直面している地方部で技能実習生への依存が高まっているのは、彼ら／彼女らが3年ないしは5年間、確実に就労を継続する労働者であることが少なからず影響している。なぜなら、技能実習生には、転職（転籍）の自由が原則として認められていないからである。つまり、雇用者にとって安定的な従業員の確保が見込めることが技能実習生を雇用する理由にほかならない。彼ら／彼女らの存在がなければ、経営活動の存続が危うくなる企業もめずらしくない。そうなると、地方部においては、地域産業の維持そのものが困難となり、ひいては自治体の財政基盤もいちじるしく脆弱になりうるのだ（二階堂 2020；2021a；2023）。

3. 過疎地域における外国人住民の「散住傾向」がもたらす影響

地方部において、技能実習生への依存が深化する一方で、当該地域では外国人住民の受け入れをめぐってさまざまな課題が山積している（徳田ほか編 2019, 2023）。徳田剛は、地方部の特徴として、特定のエスニック・グループなどによる集住地域が形成されにくく、外国人住民の「散住傾向」が見られることや、同じ地域に暮らす外国人に対する日本人住民の関心が低く、外国人住民へのサポートや多文化共生への取り組みが低調になりやすいことをあげている（徳田 2023：9-10）。このように、地方部においては、外国人住民をめぐる課題が認識されにくく、自治体の多文化共生施策や市民による外国人住民支援活動といった社会資源が総じて乏しいという事情を抱えている。

また、地方部のなかでも、とりわけ過疎化が進んだ地域では、外国人住民のニーズに対応する取り組みが推進されにくい傾向にある。たとえば、「生活者としての外国人」に対する日本語教室が開設されていない「日本語教室空白地域」も多い（新矢 2023）。加えて、過疎地

域では、外国人住民の散在傾向がより一層顕著である。しかも、地域公共交通ネットワークが減少、もしくは未発達の傾向にありながら、外国人住民のなかにはマイカーを所有しておらず、移動手段はもっぱら自転車のみだという人々も少なくない。よって、同胞のネットワーク化が進みにくいうえに、都市部において外国人住民の交流拠点となっているエスニック・ビジネス（樋口編 2012）や宗教組織（高橋ほか編 2018）のような、エスニックな下位文化（フィッシャー 1996〔1984〕）を維持・発展させる機関やしくみも発達しない傾向がある。よって、過疎地域においては、外国人住民に対する公的支援が希薄であるだけではなく、外国人住民が同胞との相互扶助を実践することも容易ではない。

さらに、こうした日本語学習支援活動やエスニックな下位文化を支える機関の欠如は、外国人住民どうしのネットワーク構築のみならず、日本人住民との関係形成にも影響を及ぼす。これらの取り組みや機関は、海外からの移住者とホスト社会の人々の結節点となる場合が少なくない。たとえば、神戸市長田区で活動を続ける識字教室では、読み書きの不自由な人々が文字を学んでいる。そこは、多様な社会的文化的背景をもつ学習者と支援者がともに学び合い、その過程で信頼を深めていく場として機能している（二階堂 2021b）。また、宗教活動も、信仰の共有を媒介に、エスニックな境界を越えて人々を結ぶ役割を担っている（高橋ほか編 2018）。つまり、このような活動により、共通した課題や目的のもと、エスニックな違いを「迂回」して人々がつながる「バイパス結合」（谷 2002：721）の機会が地域社会に創出されるのである。しかし、過疎地域では、これらの取り組みが発達しにくいことで、外国人住民と日本人住民のバイパス結合の契機も生成されにくい。その結果、両者は同じ地域社会で生活しながらも接触機会のないまま、「顔の見えない関係」となる。

このような外国人住民とホスト社会の人々の関係のありようを背景として、特に、外国人住民に限らず、「よそ者」に対する警戒心が相対的に強い農山村地域では、外国人従業員を雇用する企業が、周辺に

住む人々と外国人従業員（技能実習生等）のかかわりについて神経を
とがらせる様子も見受けられる。筆者が訪問した過疎地域のある製造
業者は、ベトナム人技能実習生を採用するにあたり、工場周辺の住民
にあいさつをして回ったという。また、ある農業者は、雇用したベト
ナム人技能実習生に対して、「顔の見える関係」を形成するため、近
隣の住民に自分から積極的にあいさつをするよう言って聞かせた。こ
うした語りから、過疎地域において、日本人住民が外国人に対する不
安や排他的意識を多かれ少なかれ抱いており、無用なトラブルを未然
に防ぐために、企業側が何らかの対応を迫られている状況が浮かび上
がる。

　以上のように、地方部での技能実習生に対する需要が高まる一方
で、特に過疎地域では、外国人住民が抱える生活課題への対処が遅れ
たままとなっているほか、彼ら／彼女らの就労先企業でも近隣との良
好な関係を築くための方策が求められているのが現状である。

　こうしたなかで、課題解決のための社会資源が乏しい過疎地域であ
りながら、技能実習生の受け入れ促進に向けた体制整備が重点化され
ている岡山県美作市の取り組みは注目に値するだろう。筆者は、
2016年10月から今日に至るまで、同市でのインタビュー調査と、
後述する美作日越友好協会の会員としての参与観察を行ってきた。ま
た、ベトナム人会計年度任用職員のフックさん（仮名）に対するイン
タビューを、2024年5月9日に実施した。次節では、これらの調査
から得た情報をもとに、同市において、どのような経緯から、いかな
る政策事業が展開されているのかについて記述していこう。

4. 美作市におけるベトナム人技能実習生の受け入れ促進

4-1　美作市の概要

　美作市は、岡山県北東部に位置しており（図2）、鳥取県と兵庫県
の県境に接する自治体である。「平成の大合併」が各地で進んだ2005
年に、5町1村が合併して美作市が誕生した。しかし、合併後も人口

図2　美作市の位置

減少はとどまることなく、現在の人口は25,208人（2024年4月末現在）で（美作市 2024a）、合併当時の74.6％にまで縮小した。同時に、岡山県の市のなかで最も人口規模が小さい。また、美作市の高齢化率は41.6％で、岡山県の29.5％を大きく上回っている（2020年10月1日現在）（岡山県 2024）。人口減少や高齢化がいちじるしく進行するなか、いかに持続可能な社会を実現させるかという課題が突きつけられているのは、言うまでもない。

　そのため、美作市は、打開策の一環として、市内に産業団地を相次いで造成し、中国自動車道の利用による関西圏への交通アクセスの良さをうたい文句に企業誘致を図ってきた（上林 2019：10-11）。美作市によると、中核となる産業団地への企業の誘致率は100％を達成しており、今後も優良企業の誘致と新規産業団地の整備を進めていく方針である（美作市 2021）。

　こうした産業政策としての企業誘致は、若者の定住化促進に向けた雇用機会の創出をねらいとするものであるが、実際には、若年層の流

出を十分に阻止することが難しく、誘致に応じて美作市へ進出した企業においても深刻な労働力不足が発生している。地域経済の衰退から脱却を図るため、早急に、かつ確実に「人財」を確保することは、美作市にとって死活問題と言っても過言ではないのである。

4-2　市の主導によるベトナム人技能実習生の誘致

　2014年に就任した萩原誠司市長は、実効性の高い労働力確保のための方策として、外国人技能実習制度の活用に着目した。美作市は2015年以降、市長の強力なリーダーシップのもと、みまさか商工会との連携によって、ベトナム人技能実習生の積極的な受け入れへと舵を切ったのである（二階堂 2019a；2019b；2023）。

　その結果、美作市におけるベトナム人住民の数は、増加の一途を辿ってきた（図3）。市長就任前の2013年に46人であったベトナム人は、コロナ禍の混乱期に減少をみたものの、2022年の時点で241人となり、5倍以上に拡大した。また、外国人人口にベトナム人が占める割合も、同じ時期に26.6％から57.7％へ上昇している。

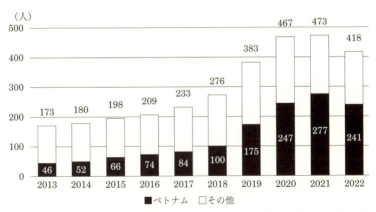

出典：美作市「美作市の現状分析―平成25年度からの推移を中心に」（2022）より作成

図3　美作市における外国人住民数の推移

4-3　ベトナム人技能実習生の受け入れ体制整備

　美作市は、公式サイトにおいて、「在市ベトナム人が安心して暮らせるまちづくりの構築や文化・教育・観光等において交流を図ることにより、更なるベトナム人の定住化や観光客の増加を目的に、ベトナム交流事業を推進」するという方針をうたっている（美作市2024b）。その趣旨は、産業の担い手であるベトナム人技能実習生を受け入れるための体制整備にあるが、それだけにとどまらない。市の担当者によると、技能実習の修了後、「留学」や「特定技能」など、別の在留資格の取得によって美作へ戻ってもらい、さらには定住してもらうことも視野に入れながら、取り組みを進めているという。では、具体的にどのような受け入れ政策を講じてきたのだろうか。

　まず、美作市が手がけたのは、ベトナム国立ダナン大学との相互協力協定の締結である（2015年）。自治体と海外の大学による協定は全国でも初の試みであり、2016年以降はこの協定にもとづいて、同大学日本語学科の卒業生1人を市の嘱託職員として、2020年度以降は会計年度任用職員として採用するようになった。また、みまさか商工会に技能実習生を受け入れる監理団体としての役割を要請した[5]ほか、2016年には、市とみまさか商工会が連携して、美作日越友好協会を設立した。

　この協会の事務局は、美作市役所内に置かれており、会員はみまさか商工会の関係者のほか、市議会議員、市民などによって構成されている。協会が開催するイベントや事業は、年間を通じて多数ある。たとえば、技能実習生を対象とした市内観光バスツアーでは、宿場町の面影を残す歴史的街並みを散策したり、剣道体験やアマゴつかみ取りなどを楽しんだりする。また、技能実習生と地域住民の交流を目的とした書道教室やサッカー大会が開催されているほか、市民向けのベトナム講座やベトナム料理教室も実施されている。こうした事業から、ベトナム人技能実習生に美作での生活を満喫してほしいという意図や、技能実習生と地域住民の間に「顔の見える関係」を生成させようというねらいがうかがえる[6]。

このほか、ベトナムとの関係強化に向けた事業も少なくない。ダナン大学やダナンでの交流イベントに加えて、ベトナム・イエンバイ省との友好関係構築を精力的に進めている[7]。さらに、ベトナム社会主義共和国総領事館の来訪を受け、意見交換の場を設定するなど、ベトナム政府機関との人脈づくりにも積極的である。

　以上のように、美作市が推し進めようとしているのは、行政と商工会、企業、市民のネットワークの構築である。そのねらいは、行政が技能実習生を雇用する企業や外国人住民との交流に関心のある市民などと緊密なつながりを作ることによって、技能実習生や企業が抱える課題を把握するとともに、解決の糸口を探っていくことにある。これと並行して、ベトナムから技能実習生や観光客を誘致することを目的に、ベトナムの政界やダナン大学との活発な交流を図ってきた。こうした対内外の活動を円滑に進めるためには、日越通訳が可能な職員の存在が不可欠なのだ。

5. ベトナム人会計年度任用職員にとっての技能実習生受け入れ政策

5-1　フックさん（仮名）の着任までの経緯

　2023年9月に美作市へ着任したフックさんは、5代目のベトナム人職員である。彼は、ベトナムでホーチミン、ハノイに次ぐ第3の都市であるダナン出身の20代の若者で、中学生の頃から日本のアニメに親しんできた。さらに、アニメを通じて、彼は日本の四季、温泉、相撲、桜に関心をもつようになったという。こうした日本の文化や風土などに対する関心の高さは、彼に限らず、多くのベトナム人にも共通して見出せる。ただし、フックさんの場合、単なる関心にとどまらず、より深く日本について学びたいと考え、ダナン大学に属する6大学の1つであるダナン外国語大学日本語日本文化学部への入学を決めた。

　彼が、大学卒業後の進路として、美作での就労を選択するに至った背景には、いくつかの要因がある。第1に、大学の授業で日本人の

働き方について学ぶ機会があり、個人的事情や感情よりも仕事を優先する日本人の働き方に興味がわいたこと。第2に、ベトナム国内のIT企業でインターンを経験し、パソコンに向かうよりも人と関わりながら仕事をしたいと考えるようになったこと。第3に、日本語を修得したからには、日本語を使って日本の文化に接しながら働きたいと思ったこと。第4に、日本人教員の勧めによって会計年度任用職員の募集を知り、その後、美作市役所で働く大学の先輩（前任の会計年度任用職員）に職務の内容を問い合わせて、「日本の文化に関われる仕事だ」と認識したこと。彼の日本語学科の同級生約100人のうち、日本での就労を実践した人は5人にすぎないが、フックさんは以上のような理由により、美作市の募集に応じて、無事に会計年度任用職員として採用されたのである。

筆者がこれまでに地方部の各地で出会ったベトナム人技能実習生のなかには、「できれば、東京で働きたかった」という声もあった。多くの日本人の若者と同様に、ベトナム人にとっても大都市圏は魅力にあふれているのだ。そこで、フックさんにも、勤務先が「東京ではないこと」について、どのように考えているのかを尋ねてみた。これに対して彼は、着任前に美作市の場所をインターネットで確認し、東京から遠距離に位置していることを把握していたが、「日本で働けるなら、田舎でも都会でも全然大丈夫」と答えた。彼の語りにおいて、「日本文化とのふれあい」への言及がしばしば登場することからもわかるように、彼が何よりも優先したのは「日本での生活体験の実現」であった。ただ、裏を返せば、その場所は、必ずしも「美作でなくてもよかった」のである。

5-2　多岐にわたる業務の内容

前述のとおり、美作市によるベトナム人技能実習生の受け入れ体制の整備に向けた事業は、多岐にわたっている。そのため、ベトナム人職員が担当する業務内容も多種多様である。

まず、「生活・就労ガイドブック」や「ごみの分別シート」、「防災

ハンドブック」の作成や、外国人相談窓口の周知などについて、日本語版をベトナム語へ翻訳する作業がある。また、ベトナム社会主義共和国総領事館の来訪時には当然ながらベトナム人職員が通訳を務める。

それから、ベトナム人住民から寄せられるさまざまな生活相談にベトナム語で対応する[8]。相談の内容は、マイナンバー、税金の支払い、住民税非課税もしくは均等割のみ課税となった世帯への給付などに関するものが多い。市外に居住するベトナム人からの相談にも対応するが、相談者の居住地にある市役所の窓口を調べて連絡先を伝える場合もあるという。技能実習生などからの相談は1ヶ月に平均して20数件程度あり、対面のほか、オンラインやFacebookでも相談を受け付けている。市の担当者によれば、通常は、技能実習生を企業に派遣する監理団体がこうした生活相談に対応するが[9]、「監理団体との棲み分け（業務分担）は必要」という前提で、行政機関として対応できる支援を可能な限り実施していくという。

さらに、美作日越友好協会との連携によって行う事業も、ベトナム人会計年度任用職員の重要な任務である。技能実習生を対象とした美作市内観光バスツアーに同行することはもちろん、交流イベントである書道教室やサッカー大会などでもベトナム人職員の担う役割は大きい。2023年12月に美作ラグビー・サッカー場で開催された日越交流サッカー大会では、ベトナム人と日本人を合わせておよそ150人が参加し、そこでフックさんがベトナム語と日本語による司会進行を務めた。当日は、8チームが大接戦を繰り広げ、会場は熱気に包まれた。選手のほかに、応援のために美作市内外から会場へ駆け付けたベトナム人も多く、異なる企業で就労するベトナム人どうしが親睦を深めていた。

また、年に8回程度開かれるベトナム講座については、ベトナム人会計年度任用職員が講師としてその中核を担う。参加費は無料で、当日は、ベトナム人職員が自ら作成した資料を用いて、ベトナム語のあいさつなどを練習するほか、ベトナムの文化や風習なども紹介す

る。このとき、ベトナム各地の風景や伝統芸能などを撮影した写真を
ふんだんに使いながら、参加者からの質問にも答える。さらに、クイ
ズやゲームを取り入れて、多世代の参加者が楽しみながらベトナムに
対する親しみを持てるよう、随所に工夫が凝らされている。

　筆者が、これまでに参加したベトナム講座では、おおむね 20 人か
ら 30 人程度の美作日越友好協会会員や一般市民が参加していた。参
加者のなかには、経営する集合住宅にベトナム人が入居してきたこと
を契機に、「少しでもベトナム語を話せたら」と考えるようになり、
小学生 2 人を含む家族 4 人で参加した、と語る人もいた。また、あ
るときは、市内の企業の関係者が、来日したばかりのベトナム人技能
実習生の女性 2 人をともなって参加した。そのとき、この 2 人のベ
トナム人が参加者の前でベトナム語と日本語による自己紹介をして、
拍手喝采を浴びていたことが印象に残っている。さらに、2024 年度
のベトナム講座開催を知らせるチラシには、フックさんの写真ととも
に、ベトナム人に対しても参加を呼びかけるベトナム語の一文が掲載
された。そこには、「一緒に日本人とおしゃべりして交流しましょう」
という言葉が添えられている。ベトナム講座を、日本人住民とベトナ
ム人住民の出会いの場として活用しようという主催者側の意図が伝
わってくる。

　このほか、毎月発行される「広報みまさか」において、ベトナム人
職員がコラムの執筆を行っている。このコラムでは、日常生活のなか
で使えるベトナム語を市民に紹介することによって、ベトナム人との
会話のきっかけを提供しようとしている。

5-3　会計年度任用職員の業務に対するフックさんの意識

　こうした多岐にわたる仕事を日々担当していることについて、フッ
クさんはどのように捉えているのだろうか。彼によると、「市役所の
仕事は、日本の文化にふれる機会が多いから満足している」とのこと
であった。しかも、「自分も他のベトナム人もやってみたいことに取
り組める」という魅力を感じている。少年のころから日本の文化に親

しみをもち、日本での生活に対する憧れから来日したフックさんにとって、たとえば書道教室での体験は、「日本文化とのふれあい」を満喫する好機となるだろう。また、フックさんに限らず、日本を就労先に選んだベトナム人技能実習生たちも、大なり小なり日本の文化に親近感を持ち合わせているとするならば、美作市が実施する事業を通じて、母国では得難い体験を享受することができる。

それから、フックさんにとって、会計年度任用職員としての業務は、「ベトナム人の役に立てる」という点でも、やりがいのあるものだという。まず、ベトナム人からの問い合わせに母国語で対応できるので、課題を抱えるベトナム人にとっては、相談窓口の利用にともなう障壁が低くなる。また、美作市においても、ベトナム人技能実習生が散住しているうえに、中山間地域という地理的特性によって自転車での移動にも限界があり、技能実習生どうしが顔を合わせることもままならない。このような状況のもと、美作市が開催する各種のイベントは、ベトナム人どうしが知り合い、母国語で思う存分交流を楽しむ場となる。そうしたイベント開催を広く周知するため、フックさんがベトナム語で情報を発信することで、より多くのベトナム人がこれらの貴重な機会を手にすることができるのだ。

加えて、フックさんは、「日本とベトナムの橋渡しを担っている」という意味でも、自らの職務に満足している。これについては、異なるレベルの「橋渡し」があるだろう。何よりも、美作市とダナン大学およびイエンバイ省、さらにはベトナム政府関係者との関係強化に向けた事業において、彼が通訳者や翻訳者として重要な役割を果たす。また、美作市と美作日越友好協会が協働で実施するさまざまなイベントを通じて、ベトナム人住民と日本人住民が交流し、「顔の見える関係」を取り結ぶ契機が生まれる。そのようなつながりは、自社で働く技能実習生と地域住民の良好な関係づくりに心を砕く企業にとっても、安心材料となるだろう。

5-4 将来展望

　以上のように、着任1年目の時点で、フックさん自身の職務に対する評価は総じて高い。けれども、会計年度任用職員の任期は通常2年間である。転職（転籍）の自由がなく、日本での滞在期間や就労できる職種が厳格に制限されている技能実習生とは異なり、在留資格「技術・人文知識・国際業務」をもつ、いわゆる「高度人財」のフックさんには、就労に関して、より幅広い選択肢がある。そのため、現職の終了後、もっと地理的経済的条件のよい場所へ移動する自由も持ち合わせている。

　そこで、任期終了後について、現在どのような展望を抱いているのかを、フックさんに尋ねた。彼は、これに対して「今はまだ、決めていない」と回答した。ただし、今後も「日本とベトナムの交流に関わる仕事を日本で続けたい」という。同時に、「20代のうちに、もっと日本の文化にふれる経験を重ねたい」という気持ちもある。いずれにせよ、そうした仕事や経験を「どこで」したいか、するべきかについて、現時点では未定なのである。

　彼によると、美作には、故郷のダナンのようなカフェ文化がなく、ベトナム料理を楽しめる飲食店もないが、ベトナム料理を食べたいときは「自分で作って我慢する」という。つまり、エスニック・ビジネスの発達が見られない過疎地域ならではの環境を、それほど不便に思ってはいないようである。それは、彼が「日本の文化とのふれあい」を求めて来日したこととも関連があるかもしれない。

　しかし、前にも述べたように、当初から、日本での就労地が必ずしも美作である必要はなかったことを考えると、会計年度任用職員の任期終了後、「日本とベトナムの交流に関わる仕事」や「日本文化とのふれあい」が可能な場所を求めて、フックさんが美作市から他所へ転出する可能性も、あながちないとは言えない。その場合、彼にとって美作市会計年度任用職員としての経験は、日本での就労の「足がかり」であり、キャリアアップの一環であるとも言える。

　そして、仮に、会計年度任用職員の経験そのものが、「高度人財」

としての彼の能力を高めることに貢献し、結果として美作市以外での再就職を有利に進められることにつながるとすれば、それはある意味で、美作市にとって皮肉なストーリーである。なぜならば、会計年度任用職員の採用は、美作市がベトナム人の「定住化」を念頭に置いた技能実習生受け入れ体制の整備の一環であるからだ。

このように考えると、ある特定の地域が、フックさんのようなニューカマーの若者から、就労先として「選ばれ続ける」ために、その地域独特の魅力をさらに高めることが求められる。

6. 翻訳者としてのベトナム人会計年度任用職員

ここまで述べてきたように、美作市にとって、ベトナム人会計年度任用職員の採用は、技能実習生の受け入れ体制の整備の一環として実施されており、その主たるねらいは、いわゆる「多文化共生社会の実現」よりも、経済活動の維持に向けた安定的・持続的な人財確保にある。外国人財の獲得競争が激化するなか、行政、企業、市民、そして送り出し国のベトナムとの有機的なつながりを作ることは、「選んでもらう」「選ばれ続ける」まちをめざす過疎地域の自治体の生き残り戦略にほかならない。そうした戦略の実践を陰に陽に支えるのが、ベトナム人職員である。

これに対して、5代目の会計年度任用職員であるフックさんの場合、その担当業務を通じて、念願であった「日本の文化にふれる」仕事に従事することができている。日越の通訳と翻訳ができるだけではなく、技能実習生と同様、彼自身も来日して日が浅いニューカマーの外国人であることから、ベトナム人の若者が日本でどのような体験を望んでいるのか、また、日常生活においてどのような課題に直面しやすいのかを理解できる立場にある。同時に、市の事業内容をベトナム人技能実習生に周知し、イベントへの参加や生活相談窓口の活用を促すことによって、ベトナム人技能実習生に対する行政機関としての姿勢を伝えている。彼はまさに、ベトナム人技能実習生と行政のあいだ

で、「翻訳者」として、両者をつなぐ役割を担っているのだ。

さらに、そうした翻訳者としての業務こそが、フックさんのやりがいを生み出している。彼にとって会計年度任用職員の業務は、「日本とベトナムの橋渡し」や「ベトナム人の役に立つこと」を実現する仕事でもある。つまり、技能実習生と地域住民の間に「顔の見える関係」を生成するとともに、ベトナム人技能実習生にとって住みやすいまちづくりを進めるという行政側のニーズを満たすため、フックさんに与えられた任務が、結果として彼自身の知的欲求を満たし、現在の職業生活を肯定的に捉えることにもつながっている。その意味で、翻訳者としての立場は、外国人会計年度任用職員が日本における自己の存在価値を高めることにも寄与していると言えるだろう。

しかしながら、そのような翻訳者としての役割を果たしうる人財は、近年、日本の各地で需要が高まっているので、会計年度任用職員の任期を終えたとき、フックさんがそのまま美作市で職を得て、市が最終的な目標にかかげる定住を選択するか否かは、現時点において未定である。美作に対する特段のこだわりがなく、美作で彼が望む職を得ることができなければ、転出する可能性が高い。

中塚雅也によると、農山村地域において地域外出身のサポート人材を確保するためには、①外部人材の内面的な欲求を尊重した受け入れ体制、②地域コミュニティにおけるフォーマル・インフォーマルな活動の継続による地域へのコミットメントの向上が必要である（中塚2022）。この見解に沿うならば、今後の定住化に向けて、ベトナム人会計年度任用職員の職務に本人の意向が何らかの形で反映されること、そして、職務に加え、日常生活におけるさまざまな地域活動への参加を通じて、職場の人々はもちろん、同胞を含む地域社会の人々との緊密な関係を構築することが求められるだろう。

後者に関してさらに言うと、着任して1年に満たないフックさんは、職務を離れると、たとえば休日にベトナム人技能実習生と親しく付き合うことはない。親密な関係と言えば、もっぱら自らと同じ「技術・人文知識・国際業務」の在留資格をもつ、いわゆる高度人財のベ

トナム人との交流に限定されるのが現状だという。今後、フックさんが美作市への定住を検討するようになるには、彼が技能実習生どうし、および技能実習生と地域住民の「顔の見える関係」の構築を「支援」するにとどまらず、そうした支援活動の過程で、自らも技能実習生や地域住民との関わりを深め、親しいつながりを豊かにすることが必要だろう。そうした関係性は、翻訳者としての役割を遂行するうえでも、より貴重な社会資源になりうると思われる。

付記

　本報告は、JSPS 科研費 JP18K01985、20KK0043、および公益財団法人労働問題リサーチセンターの令和4年度研究助成によって得られた研究成果の一部である。

【注】
1) 外国人集住都市会議の参加自治体数は、設立当初（2001年）の13自治体からピーク時（2012年）には29自治体となったが、その後脱退が続き、2023年度は11まで減少している。
2) ただし、近年、技能実習生の増加が顕著となった自治体のなかに、何らかの対応が必要であることを認識し、進むべき方向性を模索し始めたところが見受けられるようになった。こうした動きの一例として、大村昌枝は、宮城県国際化協会が県内の技能実習生と地域社会をつなぐ事業を進める過程で、ある自治体が実践するインドネシア人技能実習生と市民の交流活動に触発されて、他の自治体においても「技能実習生が看過できない存在であると認識」するに至ったことを指摘している（大村　2019：136-137）。
3) 従来は、「嘱託職員」という名称であったが、2020年度より「会計年度任用職員」という名称に変更された。
4) 沖縄県については、大都市圏に位置していないものの、観光業をはじめとする第3次産業が発達している点で大都市圏と産業構造が類似していることから、大都市圏と同様に、「技能実習」以外の在留資格をもつ外国人が多いのだろうと推測される。
5) これにより、契約する監理団体をみまさか商工会に切り替える企業も少なからずあった。ただし、市内の企業のなかには、みまさか商工会以外の監理団体から技能実習生の派遣を受けているところもある。
6) これらの事業は、必ずしもベトナム人のみを対象としたものではなく、美作市が主催

する日本語教室などは市内に在住、もしくは就労するすべての外国人が対象となる。ただし、美作日越友好協会との協働で行う事業が圧倒的に多く、これらはもっぱらベトナム人が対象となる。

7）イエンバイ省との交流関係を土台として、コロナ禍初期の2020年4月に、当該省から医療用のマスク2万枚の寄贈を受けている。

8）ベトナム語による生活相談にはフックさんが対応するが、彼のほかに、英語での対応が可能な正規職員が配置されている。

9）ただし、監理団体の所在地が遠方である場合、技能実習生が直面する生活課題に対して、常にきめ細やかで迅速な対応ができるとは限らない。

【参考文献】

大村昌枝 2019「《基礎体力と瞬発力と》──3.11の経験を踏まえた地方部における災害時対応の取り組みから」徳田剛・二階堂裕子・魁生由美子編著『地方発　外国人住民との地域づくり──多文化共生の現場から』晃洋書房 pp. 125-138

岡山県 2024「令和4年岡山県統計年報」https://www.pref.okayama.jp/page/901126.html（2024年6月30日最終閲覧）

外国人集住都市会議 2024「外国人集住都市会議の概要」https://www.shujutoshi.jp/gaiyou/index.htm（2024年7月7日最終閲覧）

上林千恵子 2019「地域社会における外国人労働者受け入れ──人口減少と技能実習生への依存の深化」生活経済政策研究所編『生活経済政策』266：5-13

厚生労働省 2024「外国人雇用状況の届出状況について（報道発表）」https://www.mhlw.go.jp/stf/seisakunitsuite/bunya/koyou_roudou/koyou/gaikokujin/gaikokujin-koyou/06.html（2024年5月16日最終閲覧）

新矢麻紀子 2023「外国人住民に対する日本語教育──地方部の課題に着目して」徳田剛・二階堂裕子・魁生由美子編著『地方発　多文化共生のしくみづくり』晃洋書房 pp. 26-41

高橋典史・白波瀬達也・星野壮編著 2018『現代日本の宗教と多文化共生──移民と地域社会の関係性を探る』明石書店

高谷幸編著 2019『移民政策とは何か──日本の現実から考える』人文書院

谷富夫 2002「民族関係の可能性」谷富夫編著『民族関係における結合と分離──社会的メカニズムを解明する』ミネルヴァ書房 pp. 715-722

徳田剛・二階堂裕子・魁生由美子編著 2019『地方発　外国人住民との地域づくり──多文化共生の現場から』晃洋書房

───. 2023『地方発　多文化共生のしくみづくり』晃洋書房

徳田剛 2023「日本の地方部の多国籍化・多文化化の現状と課題」徳田剛・二階堂裕子・魁生由美子編著『地方発　外国人住民との地域づくり──多文化共生の現場から』晃洋書房 pp. 1-15

中塚雅也 2022「新しい人材をつくる」小田切徳美編『新しい地域をつくる──持続的農

村発展論』岩波書店 pp. 23-42

二階堂裕子 2019a「中山間地域における外国人技能実習生の受け入れ政策——岡山県美作市の事例から」徳田剛・二階堂裕子・魁生由美子編著『地方発　外国人住民との地域づくり——多文化共生の現場から』晃洋書房 pp. 35-51

———. 2019b「外国人技能実習生と地域住民の顔の見える関係の構築——岡山県美作市における地域再生の試み」『社会分析』46：63-82

———. 2020「外国人技能実習生とともに働くということ——農業の現場を事例に」谷富夫・稲月正・高畑幸編著『社会再構築の挑戦——地域・多様性・未来』ミネルヴァ書房 pp. 264-278

———. 2021a「外国人技能実習生を活用した農業経営戦略——技能移転を通した内発的発展の可能性」『社会学評論』71（4）：559-76

———. 2021b「記憶を共有する——『識字99％』のニッポンにおける識字運動」宮岡真央子・渋谷努・中村八重・兼城糸絵編著『日本で学ぶ文化人類学』昭和堂 pp. 137-155

———. 2023「地方圏における産業の持続可能性の確保に向けた外国人技能実習生の受け入れ」『都市問題』114-2：28-35

樋口直人編著 2012『日本のエスニック・ビジネス』世界思想社

フィッシャー, C. S. 1996（1984）『都市的体験——都市生活の社会心理学』松本康・前田尚子訳　未來社（Fischer, Claude S. *The Urban Experience, 2nd edition*, San Diego: Harcourt Brace Jovanovich.）

美作市 2021「美作市過疎地域持続的発展市町村計画（令和3年度〜令和7年度）」https://www.city.mimasaka.lg.jp/material/files/group/8/keikakutosho.pdf（2024年5月31日最終閲覧）

———. 2022「美作市の現状分析——平成25年度からの推移を中心に」

https://www.city.mimasaka.lg.jp/material/files/group/3/genjyobunseki50405.pdf（2024年5月31日最終閲覧）

———. 2024a「美作市の人口・世帯数（令和6年度）」https://www.city.mimasaka.lg.jp/soshiki/shimin/shimin/jinkodotai/6425.html（2024年5月31日最終閲覧）

———. 2024b「ベトナムとの交流」https://www.city.mimasaka.lg.jp/kurashi/international/1479781454975.html（2024年5月31日最終閲覧）

第4章

母語支援員の役割の現状とその課題
―学校と移民家庭の翻訳者として―

本間　桃里

1. はじめに

　本章では、学校現場において児童生徒や保護者の母語を理解する母語支援員がどのような役割を担っているのか、また、母語支援員自身、学校教員、移民の親、教育委員会職員が、どのようなことを母語支援員に期待しているのかについて論じる。母語支援員に着目するのは、学校で日本語が母語でない児童生徒が年々増加傾向にあるなかで、母語支援員の活用が様々な自治体で注目されつつあるためである。母語支援員に着目した学術研究は少ないものの、小学校における母語支援員が、言語のみならず日本の学校の慣習を翻訳して保護者と教員の意思疎通を可能にしている様子や、児童が担任に言えない困りごとを受け止める様子、教員の異なる文化に対する想像力を広げる様子は臼井・陳（2020）でも指摘されており、課題も含めて議論を深める意義があると考えられる。

　本節ではまず、学校現場の状況と母語支援員の制度的位置づけを確認する。外国籍の児童生徒の就学について、日本政府は「我が国の義務教育への就学義務はないが、公立の義務教育諸学校へ就学を希望する場合には、国際人権規約等も踏まえ、日本人児童生徒と同様に無償で受入れ」ることとしている。外国籍の児童生徒に就学義務がないことは、学校に行くか行かないかを選択する自由があるかのようにもみえる。しかしそうではなく、「第一義的には政府・行政当局に対して、ある特定の子どもに関しては、就学のための環境をととのえねばなら

91

ない義務を免除（猶予）する制度」（倉石 2012：112）として捉えられる。こうした背景のもと、外国籍の児童生徒が受けられる合理的配慮や支援は自治体や学校によって差が生じ、不就学、学校不適応や学業不振、中途退学など様々な問題が発生してきた。また、外国籍のみならず、日本国籍も含めて日本語指導が必要だとされる児童生徒[1]も増加傾向にある。2023（令和 5）年度の時点で、小学校・中学校・高等学校・義務教育学校・中等教育学校・特別支援学校で合わせて、69,123 人（うち外国籍は 57,718 人、日本国籍は 11,405 人）が日本語指導が必要だとされており（文部科学省 2024）、これは 10 年前の1.8 倍にもなる。

　外国籍の場合に就学義務がないという根本は 2024 年現在でも変わらないが、外国につながる児童生徒を取り巻く様々な状況が問題として認識されるようになり、国レベルでも施策が講じられるようになった。母語支援員に関連する事業については、2013（平成 25）年度から行われている「帰国・外国人児相生徒等に対するきめ細かな支援事業」（以下、きめ細かな支援事業）が挙げられる。きめ細かな支援事業は「帰国・外国人児童生徒等教育の推進支援事業」という枠組みのなかにある事業の一つで、目的は「帰国・外国人児童生徒等（日本語指導を必要とする幼児や日本国籍であっても日本語指導を必要とする児童生徒を含む。以下「児童生徒等」とする。）の受入れから卒業後の進路まで一貫した指導・支援体制の構築を図る」（文部科学省2023）こととされている。予算額は 10 億円で、補助対象は都道府県・市区町村（指定都市・中核市以外の市区町村は都道府県を通じた間接補助）、補助率は 3 分の 1 となっている。具体的な支援事業には、以下の 13 の実施項目がある。

（1）地域の外国人児童生徒等指導体制の推進に係る運営協議会・連絡協議会の設置・運営
（2）学校における指導体制の構築（※必須実施項目）
（3）「特別の教育課程」による日本語指導の実施（※必須実施項目）

（4）成果の普及（※必須実施項目）

（5）学力保障・進路指導【重点実施項目】

（6）小学校入学前の幼児や保護者を対象としたプレスクール【重点実施項目】

（7）ICT を活用した教育・支援【重点実施項目】

（8）高校生などに対する包括的な教育委・支援【重点実施項目】

（9）日本語能力測定方法等を活用した実践・検証

（10）<u>日本語指導ができる、又は児童生徒等の母語が分かる支援員の派遣</u>

（11）共生社会における共に学び成長する授業等の在り方に関する調査研究の実施

（12）親子日本語教室の実施

（13）その他

（文部科学省 2013）

　下線で示した 10 項目目が母語支援員に該当する。2023 年 5 月 1 日時点で母語支援員の雇用・登録をおこなっている地方公共団体の割合は 22.9％にとどまっていることから（文部科学省 2024：73）、母語支援員の活用が全国的に普及しているとは言い難い。とはいえ、きめ細かな支援事業を実施している自治体は、2024（令和 6）年度時点で 33 都道府県、19 指定都市、26 中核市、119 市町区村で、毎年増加している。自治体によっては母語支援員が果たす役割の重要性が認識されており、活用を検討する自治体が今後増えていくことが見込まれることから、母語支援員に着目する意義があるだろう。

2. 自治体による多様な取り組み

　本章では、児童生徒の母語がわかる人材を総称して母語支援員と呼ぶことにするが、実際にはそのような人材の名称や雇用形態、職務内容は自治体ごとに異なっている。以下の表は、きめ細かな支援事業の

第 4 章　母語支援員の役割の現状とその課題　　93

表1 指定都市における母語支援員の役割など

	自治体	名称	役割	雇用主	雇用形態	勤務地	報酬/謝礼	資格要件	参照
1	横浜市	外国語補助指導員	○保護者からの電話対応○学校が配付する文章の翻訳○児童生徒の授業の支援○児童生徒の指導等	教育委員会	会計年度任用職員（別途、有償ボランティアで母語支援と学校通訳もあり。）	配置校	1,720/時間	○母語ネイティブとして支援にあたる（教員免許は必須でないい）。	2024年7月30日教育委員会より情報提供。
2	川崎市	日本語指導初期支援員	○日本語指導の初期段階の支援○学校への生活適応○保護者面談での通訳など	教育委員会からCEC日本語指導への業務委託	時間数は現場のニーズと本人の希望によって変動（雇用契約）※児童生徒1人当たり計100時間程度が目安。	要請がある学校	1,500円/時から スタート（資格に応じて変わる）	○児童生徒の母語での支援ができる人材○日本語指導の資格保有者が望ましい。○面接による採用。※言語によっては資格がなくとも海外経験などを重視。	2024年7月30日CEC日本語指導初期支援相談室より情報提供。
3	浜松市	外国人児童生徒相談員	教育支援課における外国人児童生徒及び保護者の相談業務、各学校からの要請による訪問相談などを行う。	教育委員会	週30時間（会計年度任用職員）	教育支援課	183,800円/月＋通勤手当相当報酬	○日本語の通訳と翻訳ができる方。○日本の学校に本人又は家族が在学したことがある方。※普通自動車免許必須※試験あり①筆記試験：翻訳、漢字・単語の読み書きテスト②面接試験：通訳実地テスト、通常の面接試験）	2024年7月29日教育委員会より情報提供。
	〃	外国人児童生徒就学支援員	配置校において、外国人児童生徒の学習及び校内生活の支援、保護者との面談等における通訳、学校文書の翻訳などを行う。		週30時間（会計年度任用職員）	配置校	153,400円/月＋通勤手当相当報酬		
	〃	外国人児童生徒就学サポーター	学校において、言語や習慣等の違いにより、学校活動等への参加に支障を生じる外国人児童生徒の学校生活上の支援を行う。		年間480時間/年800時間（会計年度任用職員） 通勤手当相当報酬	派遣校	1,250円/時＋通勤手当相当報酬		
4	名古屋市	母語学習協力員	○学校生活に必要な基本的な日本語指導○教科学習に必要な学習言語の指導、学校生活への適応指導の補助、学校の文書等の翻訳、保護者等と学校の意思疎通を図るための通訳。	教育委員会	平日の午前8時15分から午後5時までの間において、1日6時間（週30時間）（会計年度任用職員）。	要請がある学校	月額159,600円から218,200円（地域手当相当報酬を含む）の範囲で、高校卒業後の年数に応じて決定。その他通勤手当、期末手当を支給（支給要件あり）	○日本語と対応言語の通訳・翻訳を正確に行うこと○教育活動や名古屋市の実施する事業に関する知識と理解を有し、日本語指導を行うことなど○日本語及び対応言語の能力を問う筆記試験と面接試験を実施。	募集要項
5	大阪市	母語・母文化に関する支援	○プレクラス時の学校生活の初期指導○適応型言語能力検査（ATLAN）を用いた言語能力の測定と適切な支援・通訳・翻訳	教育委員会	有償ボランティア	要請がある学校	3,390円/回（交通費込み）	非公開 ※必要に応じて登録の募集をかけ、そのなかから採用。コーディネーターが在籍校との連絡調整を行う。	2024年7月30日教育委員会より情報提供。

6	神戸市	ランゲージ支援員	コミュニケーションの円滑化、生活適応や学習支援、心の安定等、学校への早期適応促進。ランゲージ支援員A（兵庫県の制度）とランゲージ支援員B（神戸市の制度）のいずれも来日2年未満の児童生徒が対象。	教育委員会	1日2～4時間、週1～3日（会計年度任用職員）	外国人児童生徒等支援ボランティア登録者の中から条件に合う方を選考し任用。	時給1,771円＋通勤手当相当報酬	外国語を母語とするか、またはこれに準ずる高度な語学力を有する者で日本語でのコミュニケーションが円滑に行える者	2024年7月29日教育委員会より情報提供。

なかで児童生徒の母語がわかる人材を活用している、いくつかの指定都市の特色をまとめたものである（表1）。

　母語がわかる人材を教育委員会が会計年度任用職員として雇用している場合や、公益財団法人や民間企業に業務委託をしている場合もある。また、雇用契約に基づくこともあれば、有償ボランティア（謝礼を支払う）である場合もあった。会計年度任用職員のなかでも、報酬を時間給で雇用している例もあれば、名古屋市や浜松市のように月々の基本給を設定し、雇用保険への加入ができる形態での雇用の例もある。人材を公募で募集するところもあれば、登録制度にして必要に応じて依頼するところ、公募は出さずに教育委員会のコネクションで人材を選出している自治体もあった。

　資格要件も様々で、日本語指導の経験を有している者が好ましいというところもあれば、母語と日本語の日常会話レベルで可能とするところもあった。自治体によっては筆記試験をおこなっているところもあり、浜松市では相談員の試験の倍率は約7倍にものぼるという。それぞれの自治体でどの程度の割合で、外国籍や外国につながる職員が雇用されているのか、具体的な数値は明らかではないが、要件を満たしているのであれば国籍にかかわらず採用している自治体がほとんどであることがわかった。業務内容は主に日本語指導や適応支援、保護者の通訳・翻訳支援などが多くの自治体で共通して挙げられた。横浜市や浜松市のように、母語を扱う人材を複数の制度を通じて活用し、業務を細分化している自治体もあった。このように、「きめ細か

な支援事業」の運用は自治体ごとに多様であることがわかる。

　自治体の事業評価書によると、母語支援員の意義として、「児童生徒の気持ちを理解できる。母語により社会・文化等の知識が確認でき、教員と児童生徒の相互理解が促進された」、「母語による支援で安心感を与えられた。保護者との信頼関係を築くことに重要な役割を果たしている」、「支援員の助けを借りることで、日本語で話そうとする児童生徒が増え、学習に取り組む姿勢が向上したり、学力の向上を図ることができた」、「教科と日本語指導をつなぐ教育活動に貢献できた」などが挙げられていた。一方、課題として挙げられていたのは「児童生徒の母語の多様化に伴い、人材確保が難しいこと」、「少数言語への対応が難しいこと」、「支援が必要な児童生徒が増加しているが派遣時間が限られていること」、「連絡調整を行う時間の確保や、緊急の家庭訪問・保護者対応に対応するのが難しいこと」などであった。

　自治体によって多様な実践があることを確認したが、本章ではX市での実践を取り上げる。X市では2014年という比較的早い時期から母語支援員を導入しており、長年の支援実績があることが特徴の一つである。同時に、多くの自治体が抱える、日本語指導が必要な児童生徒の少数在籍校への対応や母語の多様化といった課題をX市も共有していることから、X市への着目は他の市においても参考になる。

3. 方法と対象者

3-1　方法

　母語支援員の役割の課題と可能性について論じるため、母語支援員のベルさん（仮名）が在籍しているX市立Y小学校の放課後日本語教室でのフィールド調査を2018年5月から2020年3月にかけておこなった[2]。また、この期間に母語支援員・日本語教師・担任・移民の母親たちへおこなったインタビューも適宜参照する。2020年3月から2024年8月現在にかけては、ベルさんと定期的に情報交換をおこない、ベルさんが参画するフィリピン系住民による自助組織や、地

域コミュニティでの居場所づくり（NPO）に筆者も関わってきた。また、フィリピン系住民はSNSや教会などでも繋がっていることが多い[3]。ベルさんが、こうした自助組織や地域コミュニティの資源およびネットワークを活かして子どもや保護者に支援を提供していた様子についても言及する。

X市では日本語教師や母語支援員を配置する学校を「日本語指導拠点校」とし、拠点校を中心に日本語教師や母語支援員が小中学校を巡回することで少数在籍校にも対応できる体制となっている。Y小学校には日本語指導が必要な児童生徒が比較的多く在籍していたことから、「日本語指導拠点校」となっていた。

なかでも多いのはフィリピン系住民である。多くの母親は日本人男性との間に生まれた子どもとともに「定住者」の資格で来日している。原によると、日本とフィリピンは国籍法で血統主義を採用しており、婚姻関係にある日本国籍とフィリピン国籍の両親のもとで生まれた子どもは、二重国籍または渡航などの便宜上、日本国籍を選択する場合が多い。両親が未婚や離婚した場合でも日本の国籍に日本人の実子として登録されていれば日本国籍を有する。一方で、何らかの理由で日本に出生届が出されていない場合や、日本国籍の親に認知されていない場合は日本国籍を喪失している（原 2018：166）。2009年1月の国籍法改正以前は、父親に胎児認知されなかった子どもは日本国籍を持つことができなかったが、改正後は日本国籍の父親から生後認知を受ければ両親が婚姻していなくても法務大臣への届出によって日本国籍を取得できるようになった。これをきっかけに、NGOやブローカー等の助けを借りて父親探しと子どもの認知を求め、母親が「日本人実子扶養定住」する者として来日するケースが多くある。「定住者」の資格は日本で就労する職種に制限はないが、人手不足が深刻化する日本側の高い需要によって介護施設への紹介や人材派遣が国内外で盛んに行われている。本調査の協力者である母親も、日本人父親からの認知を求めてブローカーの介在によって来日し、介護に従事していた。

第4章　母語支援員の役割の現状とその課題　　97

こうして来日した子どもたちが集まる放課後の日本語教室で、筆者は週に1回から2回、約1時間半子どもたちの音読や計算ドリルなどの学習をサポートしつつ、日本語教師や母語支援員が子どもたちに関わる様子を記録した。

　放課後の日本語教室は、日本語教員、母語支援員、そして筆者のような学生ボランティアによって担われていた。太田が、日本語教室を「文化的背景が可視化される唯一の空間」（太田　2000：211）であると述べたように、通常学級では口を開かないが日本語教室では話せる子どもや、日本語と母語のミックスで自由にコミュニケーションをとる子どもの姿もみられた。こうした場所で調査をおこなうことで、母語支援員と教員、あるいは母語支援員と子どもたちの関わり方もみることが可能になった。

　また、外国につながる子どもの教育を担当する教育委員会職員、担任教員、日本語教師、母語支援員、母親たちを対象にインタビューも実施した。いずれも事前に調査の概要を伝えたうえで半構造化インタビューをおこなった。インタビューを通じて観察のみでは分からない教職員の考えや、学校現場からは見えない母親のストーリーも聞くことが可能になった。

3-2　X市の母語支援員

　X市では、日本語教師は教員免許状を有しているのに対し、母語支援員はその保持は条件ではない。2019年度の時点でX市におけるフィリピノ語の母語支援員は2人で、複数校を巡回している。X市を管轄する都道府県の国際センターが刊行しているパンフレットには、母語支援員の役割として、①児童生徒の日本語・教科指導補助、学校生活のアドバイス、②心のサポート、③学校と保護者のつなぎ役（面談・家庭訪問・行事等の通訳、相談対応、情報提供）が挙げられている。また、学校関係者向けのガイドラインでは、支援員を選ぶ際に、児童生徒の保護者と同じコミュニティに関わる人、または同じ職場の同僚を避けるように推奨している。これは、保護者が知人に個人情報

を知られたくない場合があるためである。また、支援員の私生活を守るため、支援員の連絡先を保護者や児童生徒に教えないようにする必要があるとも記載されている。

本章で取り上げる母語支援員のベルさん（仮名）は、1980年代に「興行」の在留資格で来日した後、日本人男性との間に子どもが生まれ、日本に定住している。日本での子育て、通訳の仕事なども経験し、2015年から2024年現在までタガログ語の母語支援員として勤務している。X市教育委員会の会計年度任用職員であり、1日8時間、週に3日程度の勤務である。報酬は時給換算で、社会保険には加入できない。ベルさんいわく、母語支援員のみでは生活が成り立たないので他の仕事を兼業している。

4. 母語支援員の役割

4-1　子どもの心のサポート

ベルさんが母語支援員になったきっかけは、通訳として勤務していた国際センターで、母語支援員のフィリピノ語を募集しているというお知らせを目にしたのがきっかけだった。

> 筆者：そのとき、母語支援員に対してはどんなイメージを持たれていましたか。
> ベルさん：今までしていたJFC（ジャパニーズ・フィリピーノ・チルドレン）の通訳の仕事と変わらないと言われた。ただ、現場は学校。漢字読めないのもあるし自分でできるか不安だった。そういう話をして、漢字読めない、書けないけど大丈夫かと聞いたら、教育委員会が「お願いします。もう1人の母語支援員も難しい漢字はできない。JFCとの関わりが多いから大丈夫」と。
> （2019年9月3日インタビュー）

母語支援員の依頼を受けたときに漢字が得意でないことが心配だっ

第4章　母語支援員の役割の現状とその課題　99

たが、1年早く就任していた母語支援員も漢字は得意ではなく、子ど
もたちとの関わりが多いために大丈夫だと言われ、母語支援員を引き
受けることを決めた。

> 筆者：実際に母語支援員として働かれて、想像とのギャップはあ
> りましたか。
> ベルさん：こんなにJFCたくさん来てるのに驚いた。私は4つ
> の学校に行ってるけど、他の学校は誰が行ってるのか不安になっ
> た。
> 筆者：不安になったということですが、JFCの子どもたちには
> どんなサポートが必要だと感じられたんですか。
> ベルさん：言語もだけど、心のサポートが必要。他の先生に言え
> ないことを私に言える。私だったら文化は一緒だし分かってくれ
> る。
> （2019年9月3日インタビュー）

　ベルさんは学校現場で働き始めて想像以上にフィリピンルーツの子
どもが多いことに驚いた。ベルさんは、子どもたちには心のサポート
が必要で、「文化」が同じ自分だからこそ他の先生に言えないことも
子どもたちが話せるところに自らの役割を感じていた。
　実際に、ベルさんに対してはタガログ語で自分のことを表現できる
子どもたちがいた。通常の教室では一言も発せない子どもも、日本語
教室ではベルさんに対して話しかけている様子が見られた。

4-2　学校と保護者の間で
●コミュニケーションの手助け
　ベルさんは、日々教師と保護者のコミュニケーションの間に入って
いた。それは対面のこともあれば、電話や連絡帳を通じてのこともあ
る。特に小学校では教師と保護者とのやり取りが連絡帳を通じて行わ
れることが多い。「原則、連絡帳を記入するのは担任」という認識が

小学校で共有されているが、それだけでは伝わらないとベルさんが判断した場合には、ベルさんが連絡帳に記入していた。

> ベルさん：伝えるのが母語支援員の仕事でしょ。そうじゃないと伝わらない。フィリピンの言葉でも、書くこと自体が苦手なお母さんもいる。あるお母さんはビサヤ語話者でスペルをよく間違える。翻訳ツールでも出てこないから、どういう意味か私が考える。
>
> (2019年9月3日インタビュー)

　ベルさんは連絡帳でコミュニケーションをとることも母語支援員の仕事の一つだと捉えていた。母親がスペルミスをしていた場合には翻訳ツールにも出てこないため、言葉を知っているベルさんが文脈から意味を推測する必要がある。書くことが苦手な母親に対応できるのもベルさんであった。学校教員から学習面や生活面で課題があると判断されている小学1年生のサキの担任も、保護者とのコミュニケーションについて以下のように話していた。

> サキの担任：まず言葉が通じるかどうかっていうのがわからないところがあるので、ここはやっぱり日本語教室があってよその学校では考えられないような恵まれた環境にあると思うんです。せっかくだしお願いしなきゃね。困ったことがあったら日本語の先生やベル先生に言います。簡単な「お金を持ってきてください」っていうぐらいだったら私が日本語でひらがなで連絡帳に書きますが、込み入った話は助けてもらいます。
>
> (2019年10月8日インタビュー)

　サキの担任は、言葉が通じないことに難しさを感じていた。しかし幸い、Y小学校は日本語教師や母語支援員がいるので、こうした制度を活用していると話した。また、簡単な内容であれば担任が直接電話

第4章　母語支援員の役割の現状とその課題　　101

したり連絡帳に書いたりするが、込み入った内容の場合はベル先生に
お願いすると話していた。

　たとえば、子どもの学校での様子や、母親にお願いしたいこと、病
院の情報などが連絡帳で共有されることがあった。5歳で来日した小
学1年生のマナミは母親と姉の3人暮らしで、教師からみると母親
は子どもたちのケアを十分にできていないことが懸念されていた。

　　日本語教師いわく、マナミの家にたくさんの親戚が泊まってい
　て、家で勉強どころじゃない。親戚が来てからマナミも姉も学校
　で眠そうにしていて、宿題ができていない。先週と同じお直しの
　プリントを持っていた。「親戚が来ていても、宿題はしなきゃだ
　よ」とマナミに言い聞かせる日本語教師。ベルさんは連絡帳に、
　学校でのマナミの様子や、宿題ができるようにしてほしいと母親
　に書いていた。
　　また、マナミは歯で口まわりを噛む癖があり、先週は口まわり
　が真っ赤になっていた。日本語教師が皮膚科の情報を連絡帳で伝
　え、マナミを連れて行くように言っていたが、親戚が来たことも
　あり、結局まだ行っていないようだった。今週は赤みがひき、代
　わりに黒くなっていた。ベルさんが母親に聞くと、フィリピンの
　薬を塗っているらしかった。
　（2019年5月17日　フィールドノート）

　このように、家庭で学習ができるような環境を整備できていなかっ
たり、病院へすぐに連れて行かないことを問題視し、母親に働きかけ
をおこなっていた。連絡帳は重要なコミュニケーションツールの一つ
であるが、それでも母親がなんらかの事情で読めていないことがあ
る。母親が多忙である場合もあれば、子どもが不都合なことを隠す場
合もある。書くことを得意としないときには電話や家庭訪問といった
他の方法をとって、担任、日本語教師、母語支援員が連携してコミュ
ニケーションを図っていた。

●「文化」を理解する味方としての葛藤

　ベルさんは母親たちの言動の背景にある考え方や価値観をくみ取り教員に伝える役割も果たしていた。お金の使い方はその一つである。たとえば、母親たちは学校に支払うお金を滞納してでもフィリピンにいる家族への仕送りを優先することがあり、母親たちの背景を知らない教師は頭を悩ませることがあった。そのようなときに、ベルさんは、母親たちには学校への支払いをするよう促しながら、教師たちにはフィリピンでは家族への仕送りが家族関係の維持においても重要な意味を持つことを説明していた。

　ただし、ベルさんは、いつでも同じ「文化」を共有する者として母親の味方になれるわけではなかった。小学3年生のミレイは、フィリピン出身の友達が急にフィリピンへ帰国してしまったことを機に、「学校に友達は誰もいない」と言い、不登校になった。不登校状態になって2か月ほど経ったときの面談で、ベルさんは頭を抱えることになった。

　　　ベルさん：母親がミレイちゃんに、学校行ったらお金あげるって言ったみたい。フィリピンでは普通ですよね？って言われたけど、いやいやそんなことはないよって。Award はあげたりするけど、学校に来てお金はあげないよ。……面談では文化が違うから日本人には分からないって。だから私に味方になってほしかったのかな。それですごく怒ってて。その日の帰りは私も泣きました。
　　　日本語教師：文化って言われるとこちらはもうなにもできないですよね。
　　　（2018年11月2日フィールドノート）

　面談は、ミレイの母親であるマヤさんと担任、日本語教師、ベルさん、カウンセラーで行われた。教職員側とマヤさんの両者ともミレイが学校に行くことを望んでいたにもかかわらず、すれ違いが起こって

第4章　母語支援員の役割の現状とその課題　　103

いた。マヤさんはフィリピン人夫と話し合い、ミレイが学校へ行くとお小遣いを渡す方針に決めた。お小遣いを渡すことは「フィリピンでは普通」だとベルさんはマヤさんに言われたが、同意できなかった。マヤさんは普段は穏やかであるが、このときは声を荒げて教師たちは驚いたという。ベルさんは、同じ「文化」を共有する人としてベルさんに味方になってほしかったのだろうと考え、板挟みで辛い思いをしていた。教師側としては、「文化」と言われると働きかけが何もできなくなってしまうと感じていた。

　　ベルさん：私もやめようかと思った。チーズバーガーのチーズになるのがしんどかった。パンになりたかった。
（2019 年 9 月 3 日　インタビュー）

　ベルさんは学校と移民家庭の板挟みになり、しんどい思いをすることが多々あった。自身の存在をチーズバーガーの「チーズ」だと比喩し、「パンになりたかった」と話したことは、母語支援員が教師からも家庭からも味方になることを期待されてしまう難しさを象徴する。

●教員とは異なる視点から子どもを捉える
　母語支援員であるからこそ、教師とは異なる視点から子どもを捉えることもできる。たとえばサキは、学校では「問題児」としてみなされていた。特に小学 2 年生になってからは、母親の許可なく外出すること、友達の自転車を勝手に乗り回すこと、母親のお金を盗んでコンビニでお菓子を買っていることなどが度々発生していた。これに対して、日本語教師は以下のように語った。

　　日本語教師：これは外国にルーツの子どもの「あるある」。サキちゃんはお母さんより日本語を話せるし書ける。だから、お母さんのこと甘く見てる。立場が完全に逆転してる。お母さんがサキちゃんに振り回されている感じ。これは今手を打たないと、どん

どん親子関係が悪くなって手遅れになる。もう少し大きくなると、変な大人に声かけられて危ない道に走ることもある。サキちゃんのお母さんは、お金を盗まれても叱って終わり。すぐとれるようなところにお金を置いてる。それだと、サキちゃんは怒られている最中だけ我慢すればまたやっていいと思ってしまう。
（2019年6月21日　フィールドノート）

　これまで多くの外国につながる子どもをみてきた日本語教師は、日本語ができない母親を子どもが甘く見てしまう現象がよくあることだと話した。母親が見下されないようにするには、母親が日本語を勉強することや、子どもを甘やかさないこと、そしていざという時のために子どもの学校での人間関係を把握しておくことが必要だとも話した。

　ベルさんもサキのケースでは頭を悩ませていた。ただし、教師はサキが大人を甘く見ていると捉えていたのに対し、ベルさんは少し違った見方をしていた。

　　ベルさん：サキちゃん、フィリピンのお母さんたちに大人気。大人相手が上手だから。Po（タガログ語の敬語）が使えるし、礼儀正しくて、大人をリスペクトできている。大人たちからニックネームで呼ばれて可愛がられてる。
　（2019年9月3日 インタビュー）

　サキは日本語だと敬語を使うことはなかったが、タガログ語だと丁寧な言葉づかいをしているという。ベルさんいわく、サキは大人をリスペクトできているため、フィリピンコミュニティの大人からはニックネームで呼ばれ、可愛がられていた。教師が見るサキと、フィリピンの人々のコミュニティが見るサキの印象は違うのだという。こうした言葉からは、ベルさんが、サキが学校では問題が多い子どもであることを認識しつつも、コミュニティでは礼儀正しくしっかりとした良

い子だという評価があることを踏まえ、児童への対応を行っている様子が窺える。

4-3　学校とコミュニティの間で
●不都合なことを伝えてしまう役割
　ベルさんは子どもにとって心の支えになると同時に、子どもにとって不都合なことを保護者に伝えてしまう存在でもあった。

　　ベルさん：マナミがトラブル起こしたら日本語の先生がそのことを私に「連絡帳に書いて」って。私がお母さんに伝えようとすると、マナミが連絡帳を隠そうとしたり。先生にも親にも怒られるからね。私はマナミにとって嫌な存在だった。だから心が痛い。
　　（2019年9月3日 インタビュー）

　マナミの母親は夜に家を留守にすることも多かった。学校ではクラスになかなか馴染めず、学習面も他の子どもより遅れをとっていた。そんななか、マナミがクラスメイトを殴るなどのトラブルが多発し、ベルさんはその対応に追われていた。連絡帳に学校での出来事を書こうとすると、マナミは連絡帳を隠そうとするのだった。その時期はベルさんも心が痛かったという。
　ベルさんは子どもにとって不都合なことを保護者に伝えるのみならず、必要に応じて、保護者にとって不都合なことを学校教員に伝えることもしなければならなかった。

　　ベルさん：面談ではお母さん達からは「これは訳さないで」と言われて、先生から「なんて言いましたか」と聞かれることがある。
　　筆者：そういうときはどうされるんですか。
　　ベルさん：ほとんど学校には伝える。子どものために。でも伝えないときもある。これは言わない方がいいなっていうのは。でも

大体大事なことは言う。先生に伝わらないから。

（2019 年 9 月 3 日 インタビュー）

　ベルさんは、子どものためになるのであれば、保護者にとっては学校に伝えてほしくないことも伝えるようにしていた。ベルさんの情報源は、母親本人から聞いた話のみならず、フィリピン系住民による自助組織や、教会での繋がり、SNS での繋がり、地域での居場所づくりの活動から得ることもあった。こうした幅広いネットワークを通じた情報によって、たとえばマナミが置かれている状況を把握できたケースもあった。

　日本語教師：音読で毎週お母さんがコメントする欄があるのに、マナミだけ 4 月から 1 回もコメントされてない。連絡帳でも何度も言ってるのに。子どもがお母さんと話せていない。マナミに「お母さんいつ帰ってくるの？」って聞いたら、「5 時」って。「朝の？」って聞くと黙り込む。夕方 5 時に終わる介護施設のシフトはない。おかしいと思ってベルさんに聞いたら、SNS にホストクラブで夜騒いでいる動画が上げられてるって。完全に朝に帰ってる。

（2019 年 7 月 13 日　フィールドノート）

　日本語教師とベルさんは、母親が働く介護施設とも連携をとっており、シフトについても知っていた。介護施設としては小さな子どもがいる母親に夜勤のシフトを組むことはあまりない。マナミの音読を見ていなかったり、持ち物を忘れていたりすることからも、家でなにかあると教師たちは察していた。そこでベルさんの情報を参照すると、母親が夜の世界にいることが明らかになった。

　筆者：ベルさんとはどんな風に役割分担されていますか。ベルさんにどのような役割を期待しますか。

第 4 章　母語支援員の役割の現状とその課題　107

日本語教師：ベルさんが裏の情報をとってくれるので助かります。なんで？って噛み合ないのが、やっぱりコミュニティの中の情報を引き出してくれると、「これか！」って腑に落ちるので、こっちも攻めやすいんですよ。そういうご家庭にちょっとね、暴走しないようにと釘を指したりとか。じゃないとね、今までも夜逃げとかありましたしね。

筆者：そうなんですか？

日本語教師：はい。それは本当に悲しいことなので、もう未然に防いで。完全に夜逃げされたのは1件だけ。

筆者：夜逃げの原因っていうのは……？

日本語教師：完全怪しいほうですよ。

（2019年7月31日インタビュー）

　ベルさんは、教師だけでは知り得ないフィリピンコミュニティの裏の情報を引き出し、学校による家庭への働きかけを円滑にしていた。たとえば度々起こる母子の夜逃げは、ベルさんの情報のおかげで未然に防ぐことができていた。日本語教師が指す「怪しいほう」というのは、フィリピンから日本へ母子を連れてくるさいに暗躍するブローカーのことである。前述したように、生後認知でも日本国籍が取得できるように法律が改訂し、日本人男性の認知を求めて多くの母子が来日した。そのときに、母子のみで来日して父親探しをするのは困難であることから、それらを手伝うブローカー業が発生した。なかには母親に多額の借金を背負わせたり、入管法に抵触しかねない方法で来日や就労させたりするブローカーがいる。こうした制度の抜け穴を背景として、生活が立ち行かなくなり、夜逃げせざるを得ない家庭がつくりだされる。ベルさんは80年代に来日してこのような状況をよく理解し、当時から様々なネットワークを構築してきたことから、コミュニティで得た情報を学校側に説明することもあった。

●コミュニティの資源を活かす

　前述したように、ベルさんがコミュニティのメンバーでもあることは、移民の母親にとって不都合に働くことがあった。しかしそれだけではなく、コミュニティの資源を活かして子どもの支援を行ったこともあった。

　2022年夏、小学4年生のタクが万引きで警察沙汰になるなどのトラブルを起こしていた。母親は頭を抱えて「タクを児童相談所に入れたい」と、ベルさんに相談した。ベルさんとタクの母親はフィリピン系住民による自助組織で長年一緒に活動してきた仲間で、信頼関係があった。ベルさんは母親と一緒に児童相談所へ同行し、日本のシステムを説明した。児童相談所には子どもを自由に預けられないことを理解してもらった上で、ベルさんは地域コミュニティの力を借りて母子を支援することにした。特に、タクの放課後の居場所を確保することが必要だと考えた。当時、地域の児童館が1か月1万円に値上がりし、児童館を辞めざるをえない子どもたちが出ていた。タクも児童館を辞めざるを得なかった一人だったので、ベルさんはNPO団体が運営しているカフェのなかで子どもたちの居場所づくりを始めることを提案した。この提案はカフェの人々に受け入れられ、さっそく居場所づくりが始まった。カフェではすでに高齢者や障害がある方々などを対象にした活動もおこなわれていたため、子どもたちはカフェで色んな大人と関わることができた。フィリピンコミュニティの外にも顔が広いベルさんの呼びかけで、フィリピン系自助組織のメンバーだけでなく、教会関係者、大学教員、大学生なども居場所づくりに携わった。

　放課後、子どもたちの勉強をみたり一緒に遊んだり、休日には遠足やカレーを食べる企画などがあった。ベルさんはコミュニティのメンバーとしてタクや母親の様子を見守ると同時に、母語支援員という立場でタクの学校の教員たちにもそこでの様子を共有していた。また、学校での様子を居場所づくりに携わる人々にも共有することで、学校と地域が連携してタクと母親を支援する体制が構築されていた。

第4章　母語支援員の役割の現状とその課題　109

ある日、親子関係がうまくいかず、母親がタクの携帯電話を取り上げたことがあった。そのときには、コミュニティカフェのメンバーがテレホンカードを買い、タクに緊急連絡先を伝え、公衆電話の使い方を教えた。タクからベルさんに「お母さんに叩かれた」と電話が入ったときや、タクが学校を休んだときには、居場所づくりに携わる人々とともに家庭訪問をしたり、タクの担任と連携して懇談の場を設けたりした。タクの母親が経済的に困難な状況にあるときには、ベルさんから筆者へ相談があり、NPO フードバンクから提供を受けた食糧のおすそ分けをしたり、勤務先に休業補償の支払いを求めたり、住居確保給付金の申請を手伝ったりした。

　このように深い介入ができたのは、ベルさんがコミュニティでタクの母親と長年の信頼関係を築いてきたからこそである。同時に、ベルさんの幅広いネットワークとコミュニティの資源を活かして、タクや母親の見守り、緊急時の対策、学校への情報提供をおこなうことができたためでもある。

　ただし、詳しくは後述するように、教育委員会はプライバシー保護の観点からも母語支援員としての仕事とコミュニティとしての活動を分けてほしいと考えていた。ベルさんもそれを認識しつつ、学校のみでは支援に限界があるとも感じていた。

5. 母語支援員という役割の課題と可能性

　これまで、母語支援員の役割や期待されていることについて事例からみてきた。以上の事例を踏まえて、本節では母語支援員の役割について課題と可能性について整理する。

5-1　課題

　第一に、母語支援員は複雑な案件にも関わり支援を行っているからこそ、精神的負担が課題として挙げられる。ベルさんが自らのことをチーズバーガーのチーズと例えたように、学校と家庭の板挟みになっ

たときには辛い想いをしていた。学校からは、家庭に介入するための様々な情報収集をする役割を期待される。しかし、それは家庭にとって不都合な情報を学校へ伝えてしまうことにもなっていた。母語支援員で要請される通訳や翻訳は、言葉を伝達するのみならず、日本社会や日本の学校に関する深い知識が求められる。今回取り上げた事例以外にも、ベルさんは虐待、「発達障害」の診断、いじめを含む深刻な問題に関わっている。ベルさんが初めから全てのことを知っていたわけではなく、母語支援員をしながら学ぶところも多いそうだが、こうした複雑な案件に関わる仕事は、誰にでもおすすめできるわけではない。ベルさんは、「子どもたちの安心のためにも母語支援員を増やしてほしい」と語りつつ、「学校の中は大変そうだからやりたくないと言われる」ために積極的に勧められない仕事であると話した。

　第二に、精神的負担や責任が重い一方、母語支援員の仕事のみでは生計を維持するのが難しい待遇であることも、他の人を紹介しづらい理由の一つだと語られた。2023年5月1日時点で全国の教育委員会で雇用あるいは登録されている母語支援員は6,266人で、そのうち最も多くを占めるのはボランティアで2,123人、会計年度任用職員は1,862人、他機関（団体等）からの派遣は703人、常勤職員は45人、その他は1,533人となっている（文部科学省 2024：72）。X市では教育委員会管轄の会計年度任用職員であるものの、常勤ではなく社会保険には入れない。また、ベルさんが働く自治体では、母語支援員の業務上発生する費用について様々な制限があった。たとえば一つの学校から別の学校へ移動するさいに、予算上、バス移動の賃金分しか計上できないことになっている。学校間の移動で急いでいるときやバスの本数が少ないときには、地下鉄など別の交通手段を利用する必要があるにもかかわらず、バス分のお金しか経費としておりないのである。よって、ベルさんはバスと地下鉄の差額分を自己負担することが度々あった。このような、行政職員として決められた予算内できめ細かな規定を課せられることは、職務上の課題である。きめ細かな支援事業を活用した自治体の報告書で、母語支援員の課題として挙げられ

第4章　母語支援員の役割の現状とその課題　　111

ていたのが言語の多様化であるが、このような待遇で十分な人材を確保することの難しさが表れていた。

　第三に、子どもが抱える問題に対応しようとした場合に、どこまでを母語支援員の仕事範囲として定めるのかが困難であるという問題があった。特に、複雑な案件に対応しようとすると、学校の枠組みのみでは支援が十分でないことがあった。病院や役所などへ同行し、必要に応じて職場や家庭にも介入するベルさんは、「子どものためには関わらざるを得ない」と話していた。教育委員会の職員によると、母語支援員は「子どもに関わる用件」を行うことになっているが、どこまでを「子どもに関わる用件」として捉えるのかは線引きが難しい。特にベルさんはフィリピン系住民の自助組織のメンバーであったり、地域でも居場所づくりなどの支援を展開していることから、母語支援員としての支援とコミュニティメンバーとしての支援が重なり合うこともあった。教育委員会の方針としては、保護者のプライバシー保護や母語支援員の私生活の保護という観点からも、母語支援員はコミュニティと関わりが薄い人が好ましいとされているが、実際はベルさんがコミュニティで長年の信頼関係を築いてきたからこそ支援が可能になったり、培ってきたネットワークや資源を支援に活かしていた実績もある。こうした事情から、誰を母語支援員の適任とし、どこまでの仕事を任せるのかについては揺らぎがあった。

　病院や行政窓口での多言語対応が機能していれば、ベルさんの負担も軽減できるであろうが、行政窓口の多言語対応は曜日や時間帯に制限があることも多く、通訳機を用いる場合には込み入った話をしづらい。移民の母親たちにとって身近な存在で気軽に相談できるのは母語支援員であった。

5-2　可能性

　第一に、なにより母語支援員は子どもたちにとっては安心して心を開けるような存在にもなっていた。母語支援員がいなければ、子どもは学校で母語を使って自由に表現する機会が持ちにくい。他の人とは

話せなくても母語支援員とは話せる児童生徒がいることも、子どもにとって母語支援員が支えになっている様子を示す。同時に、母語支援員の存在は、多様な文化的背景の児童生徒が学校にいることを他の児童生徒や学校教職員に知らせることにもなる。担任が「せっかくいてくれるなら頼りたい」と話していたように、母語支援員がいることで母親の支援ニーズが認識され、個別に応じた配慮が可能になっていた。

　第二に、家庭からは同じ言語や「文化」を共有する味方の役割を期待され、実際に学校に対してフィリピンで共有される価値観や母親側の視点を伝える役割も果たしていた。学校側のロジックで不可視化されてしまいがちな移民の母親のロジックを可視化させているともいえる。母語支援員がいることで、対等でない、不均等な「マジョリティ」と「マイノリティ」の力関係を少しでも是正できる可能性も見出せるのではないだろうか。

　第三に、ベルさんや日本語教師が、移民の母親や子どもに対してソーシャルワーカーのような役割を担っていたことも指摘できる。例えば、病院、児童相談所、役所などの機関との繋ぎ役になり、子どもたちの衣食住を含む生活に日々関与することなどである。

　　筆者：小学校にソーシャルワーカーさんがいらっしゃるけど、移民家庭に関わっているのが結局日本語教師と母語支援員ということでしょうか。
　　日本語教師：まあね。情報は入れてますよ。入れてるけど、ここのソーシャルワーカーさんはそこには動いてない。（…）対応がちょっと難しい案件のとこには関わってくれてはるけど、あの、手広くはされてないので。分かりませんって言われる。
　　筆者：ビザのこととか。
　　日本語教師：うん。まあ児相への通報の仕方とかは教えてはくれはるけど。そういう意味では物足りないかな。
　　（2019年7月31日 インタビュー）

スクールソーシャルワーカーは週に一度来校し、児童相談所への通報の仕方などは教えてくれるが、ビザを含む移民の家庭が抱えやすい問題については詳しくなかった。情報は共有しているものの、実際に動くのはベルさんや日本語教師であった。

外国につながる家庭と関わるにあたり、言語、「文化」、家庭のロジック、日本の入管法や福祉制度などについても知り、「翻訳」する必要が出てくる。こうしたときに、それを誰が担うのかという問題が出てくる。現状では行政窓口やスクールソーシャルワーカーでは担いきれない部分を母語支援員と日本語教師が補っていた。もちろん、行政窓口や公的機関の多言語化、移民背景がある人々が抱える問題に詳しいソーシャルワーカーの育成も喫緊の課題として提示できるが、教師とは異なる立場だからこそ、学校現場で子どもの身近にいるからこそ担える母語支援員の役割は非常に大きいことも確かである。

6. おわりに

本章で描くことができたのは、学校、コミュニティ、家族、そして社会福祉制度の境界で、人々と人々、人々と制度をつなぎ、翻訳を行うひとりの母語支援員の姿であった。現場というミクロな視点から母語支援員が直面する葛藤や、母語支援員をめぐる人々の期待に迫ることができた。

一方、自治体によって多様な体制があることから、体制が異なると母語支援員の役割や支援の内実に違いがあることも想定できる。たとえばX市では拠点校を中心に少数在籍校へも母語支援員が派遣される形態であったが、学校現場ではなく教育委員会の窓口に配置される場合や、ITを利用した遠隔での支援を行う場合は、役割や期待も異なるのではないだろうか。また、X市では母語支援員に資格要件や試験はないものの、浜松市や名古屋市では筆記試験や面接試験が実施されている。選抜の時点で母語支援員に求められることが異なる場合には、実際の役割や仕事内容がどのように異なるのだろうか。母語を用

いた支援と一言でいっても、内実の多様性があり得ることから、今後は異なる自治体での母語支援員の内実についても検討を進める必要があるだろう。

【注】

1) 2023 年度に実施された調査によると、全ての学校種において日本語指導が必要かどうかの判断基準で最も多い回答（複数回答可）は「児童生徒の学校生活や学習の様子から判断している」（10,762 校）である。次に「児童生徒の来日してからの期間を対象基準にしている」（4,324 校）、そして「DLA や類似の日本語能力測定方法により、判定している」（2,351 校）となっている（文部科学省 2024：31）。

2) この調査結果の一部は Homma（2021）にも掲載している。

3) ただし、噂話の回避や人間関係のトラブルによって、こうしたコミュニティとあえて繋がらないという選択をする住民もいる。

【参考文献】

Homma Tori 2021 "Education-Welfare for Immigrant Children: How Schools are Involved in the Daily Lives of Immigrants" Educational Studies in Japan: International Yearbook（15）：95-107

臼井智美・陳蕊 2020「外国にルーツのある児童生徒の教育における母語支援員の役割——文化的相違に着目した児童生徒と教員の間の困惑の軽減」『大阪教育大学紀要』68：53-74

太田晴雄 2000『ニューカマーの子どもと日本の学校』国際書院

倉石一郎 2012「包摂／排除論からよみとく日本のマイノリティ教育——在日朝鮮人教育・障害児教育・同和教育をめぐって」稲垣恭子編著『教育における包摂と排除——もうひとつの若者論』明石書店

原めぐみ 2018「親密性の労働を担う JFC」安里和晃編『国際移動と親密圏——ケア・結婚・セックス』京都大学学術出版会

文部科学省 2013「平成 24 年度 日本語指導が必要な児童生徒の受入状況等に関する調査」https://www.e-stat.go.jp/stat search/files?page=1&layout=datalist&toukei=00400305&tstat=000001016761&cycle=0&tclass1=000001059439&tclass2val=0（2024 年 7 月 27 日最終閲覧）

文部科学省 2023「「帰国・外国人児童生徒等教育の推進事業」事業概要等（平成 25 年度～）」https://www.mext.go.jp/a_menu/shotou/clarinet/003/001/1339531.htm（2024 年 7 月 25 日最終閲覧）

文部科学省 2024「令和 5 年度 日本語指導が必要な児童生徒の受入状況等に関する調査結

果について」https://www.mext.go.jp/content/20240808-mxt_kyokoku-000037366_4.pdf（2024年11月5日最終閲覧）

第5章

高齢化した中国残留孤児家族と
支援者・専門職を繋ぐ
─中国帰国者支援・交流センター職員─

河本　尚枝

1. はじめに

中国帰国者の第一世代は日本人を両親として生まれ、戦後中国に取り残された人々である。第一世代のルーツは日本にあるが、数十年中国で暮らした後に日本に永住帰国したことから、蘭は第一世代を「本国帰還という移民」（蘭 2000：39）と呼ぶ。彼らは中国で家族を形成し、日中国交回復後、家族を帯同して日本に帰国した。

中国帰国者研究は 1970 年代に発表された就籍、国籍に関する研究が嚆矢となり、その後の永住帰国者の増加に伴い日本への適応、日本語学習、アイデンティティ、子ども世代（二世）や孫世代（三世）の就学・進学・就労に関する研究が行われるようになった。近年は高齢化が進み、居場所づくりや介護保険利用に関する研究もなされている。一方、帰国者支援に関わる人たちの研究は限られており、定住後の日本語指導と生活支援をする自立指導員の研究がわずかにある程度である。

永住帰国した残留邦人およびその家族は言語や生活習慣上の違いから日本社会で生活上の課題に直面する。帰国者が日本社会で安定した生活を送るため、政府は「中国残留邦人等の円滑な帰国の促進並びに永住帰国した中国残留邦人等及び特定配偶者の自立の支援に関する法律」を定めてさまざまな支援を行っている。その中の一つが通訳で、自治体が委嘱して派遣する自立支援通訳のほか、全国 7 か所に設置された中国帰国者支援・交流センターにも、生活相談員や通訳の名称

117

で通訳業務を担う職員が雇用されている。中国帰国者支援・交流センターは中長期的視点から帰国者を支援する拠点になっている。これら通訳業務を担う職員はコミュニティ通訳[1]に相当するが、帰国者支援に関わる通訳は、日本のコミュニティ通訳のなかでも刑事訴訟法を根拠とする司法通訳人と並び、法的根拠をもって配置される数少ない通訳である。

　本研究では生活相談員に焦点を当て、行政の窓口職員や専門職と中国帰国者の間でどのような役割を果たしているか、どのように帰国者を社会サービスや専門職につなぎ、帰国者の生活の質向上に関与しているかを明らかにする。

2. 中国帰国者

2-1　中国残留邦人

　中国帰国者について、簡単に歴史を振り返ろう。

　1936年、広田内閣は満州移民の送出を七大国策の一つに位置付け、二十カ年百万戸送出計画を打ち出した。500万人を目標に各都道府県に移民数が割り当てられ、国策として開拓団を送り出し、約21万人が1945年5月ごろまで満州に渡った。青少年で構成された義勇隊も1937年から満州に送出され、約2万2千人が主にソビエト連邦との国境に近い開拓地に入植した。このほか各地の報国農場にも約5千人が送り出され、約24万人が満州に渡った（満洲開拓史復刊委員会1980：504）。

　1945年8月9日、ソビエト軍が満州との国境を越えて満州に侵攻し、日本人移民は混乱に巻き込まれ難民となった。難民の多くは国境や農村に入植した開拓団の団員で、難民収容所に収容された。日本への集団引き揚げは1946年5月に始まり、国民党と共産党の内戦で一時中断したものの1958年まで行われた。しかし、ソ連軍侵攻後の難民生活の間に家族と生き別れたり、捨てられたりして中国人に引き取られた子や、生きるために中国人家庭に入った人々には引き揚げの情

報が届かなかったり、情報が届いても中国人家族から帰国を許されなかったりして、中国に残留することが少なくなかった。また、中国人との間に生まれた子をおいては帰国できないという理由で中国に残留した人々もいる。『満州開拓史』によれば終戦時の未引揚者は 29,507人 [2] である（満洲開拓史復刊委員会 1966：506）。残留した日本人のうち 13 歳以上の者は女性が多く、中国人と結婚した者が多いことから「残留婦人」、12 歳以下の者は「残留孤児」と呼ばれた。政府は、残留婦人と残留孤児の総称として中国残留邦人を使用する。

2-2　永住帰国と新たな支援策

　集団引揚げ終了後、中国残留邦人の帰国は民間団体を通じて行われていたが、日本政府が親族探しと永住帰国の支援を始めたのは 1972年の日中国交回復後であった。1975 年から 1981 年まで厚生省（当時）の公開調査が行われ、1981 年から訪日調査が開始され現在も続いている。身元が判明した人は、希望すれば国費で家族とともに永住帰国できるとされた。中国残留邦人および永住帰国した残留邦人の家族を中国帰国者（以下、帰国者）という。中国人家庭で長く暮らし、言語、文化、生活様式が中国的になった日本人の、中国人である家族を伴った帰国は、蘭がいうように「本国帰還という移民」（蘭 2000：39）であった。

　表 1 は 1972 年以降の永住帰国者数である。当初、永住帰国に当たっては親族が身元保証人になることが条件とされており、身元未判明者は帰国できなかった。身元判明者でも親族が身元保証人にならない場合 [3] は、本人が希望しても永住帰国できなかった。1985 年になって身元引受人制度が創設されたことで親族以外が身元保証人になることが認められ、身元未判明の残留孤児にも国費で帰国旅費が支給されるようになった。これらの施策により永住帰国者数は増加した。1994 年になると同伴する子ども 1 世帯にも帰国旅費が支給されるようになり、永住帰国者数は二度目のピークを迎えた。近年は毎年 1〜2 人が永住帰国している。厚生労働省のデータによれば、日中国

表 1　中国帰国者支援・交流センターの資料より筆者作成
中国帰国者の年度別帰国状況（日中交正常化以後）

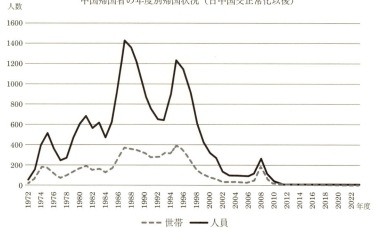

交回復以降の永住帰国者数は令和 6（2024）年 5 月現在で累計 20,912 人（6721 世帯）に達している[4]。

　政府は親族探しに関与し帰国旅費を支給するようになったが、帰国後の支援は行っていなかった。そのため初期の帰国者は満州引揚者で作った団体や地域のボランティアに依存していた。ここからわかるように、当初政府は永住帰国後の日本での生活を「私事」と認識していた。

　日本に定着するための支援が始まったのは親族探し開始から約 10 年後の 1984 年である。同年、中国帰国孤児定着促進センター[5]が開設され、国費帰国した孤児と同伴家族を受け入れた。永住帰国者は 6 か月間日本語と生活習慣を学び、職業訓練などを受けて定住地に移動するようになった。宮田は、定着促進センターでは「どんな仕事でもよいからとにかく就労」（宮田 2000：175）して自立[6]することを優先してきたが、中国で培った職業技術や資格への配慮はほとんどなされてこなかったと批判する（宮田 2000：175）。

　中高年期に永住帰国した人々が短期間で高いレベルの日本語を身に

着けることは難しかったが、それでも労働市場に参入して経済的に自立することが期待された。帰国者は日本語レベルが低く、中国で身につけた知識や技能を生かすこともできなかった。そのため、日本語を使わなくても就労できる低技能職や非正規労働に従事して、低収入で暮らす者が多数を占めた。就労できなかった世帯や低収入の世帯は生活保護を受給した。加えて、中高年期に永住帰国したため老齢年金受給要件を満たす年数（当時は 25 年間）の年金保険料を納付することができず、高齢期に無年金になり、生活保護に頼らざるを得なかった人々も少なくなかった。後述する「新たな支援策」実施前は、帰国者の生活保護受給率は約 6 割を占めていた（厚生労働省 刊行年不詳）。この数字は、永住帰国時に期待されていた「自立」を達成した人よりもできなかった人が多かったことを示している。

1994 年になって「中国残留邦人等の円滑な帰国の支援の促進及び永住帰国後の自立の支援に関する法律」（以下、支援法）が施行され、従来「個人の責任」とされてきた帰国並び自立定着に必要な措置を講ずることが、国及び地方公共団体の「責務」と定められた（田中 2004：81-82）。基礎年金の満額の 3 分の 1 の金額が年金加入期間を問わず支給され、公営住宅への優先入居も行われた。しかし、基礎年金の 3 分の 1 の金額では生活を維持することができず、依然として生活保護を受給する帰国者が多くいた。

公営住宅への入居も帰国者が居住地を自由に決定することはできず、割り当てられた場所に住まねばならなかった。これは、厚生省が「適度の集中、適度な分散」を定住政策の中心に掲げ、都会に住みたがる帰国者を地方へと分散させたからである [7]（小田 2000：93）。帰国者だけのコミュニティができることで、帰国者が日本社会から孤立することを懸念して採られた政策である。小田は帰国者が集中し一種の〈中国人社会〉を作ってしまうことを「周辺住民からの偏見や差別を招きやすく、社会的不安の要因ともなりかねない」（小田 2000：93）と否定的に評価する。しかし、十分な日本語力を身に着けていないまま地縁血縁のない場所に帰国者家族を分散定住させることは、

第 5 章　高齢化した中国残留孤児家族と支援者・専門職を繋ぐ　　121

かえって地域との交流を難しくしてしまう可能性がある。その結果、社会関係資本の乏しさから地域社会のなかで周辺化され、孤立化する帰国者も多かった。

この点は、厚生労働省が実施した平成27（2015）年度中国残留邦人等生活実態調査（厚生労働省 2017）からその様子がうかがえる。帰国者に自己評価で日本語理解度を問うた質問では、「不自由なく理解できる（18.3％）」「日常のほとんどの会話に不便を感じない（19.3％）」と自己評価しており、4割近くの帰国者が意思疎通に問題がないように思われる。しかし、地域活動への参加について問う質問（複数回答）では、回答の多いものから「町内会・自治会の地域清掃（55.8％）」「地域の祭（21.1％）」「参加しない（19.8％）」「防災訓練（1.2％）」の順になっており、義務的に参加するものや日本語を使わなくても参加できる活動に参加していること、また、地域活動に参加しない人が20％近くいることがうかがえる。「参加しない」理由は「日本語がわからないから」が44.2％で最も多く、帰国者の中には日本語がわからないために地域活動に参加しない人がいることがわかる。

近所付き合いの状況（複数回答）については、「お互いの家に招待しあうような親しい人がいる（13.8％）」「道で会ったときに立ち話する程度の人がいる（17.4％）」に対し、「道で会ったときにあいさつ（会釈）する程度の人がいる（49.9％）」「近所の人とは、つきあいがない（16.6％）」となっており、地域の人たちと交流を深め、関係を構築している人は多くない。また、悩みの相談相手（複数回答）の質問では、「子（68.5％）」「配偶者（32.8％）」「自立指導員、支援・相談員、自立支援通訳（23.0％）」「友人〔中国残留邦人等〕（20.8％）」「福祉事務所職員（15.7％）」となっている。悩みの相談相手は家族と帰国者支援に関わる者に集中し、「近所の人」は8.3％に過ぎない。子や配偶者に悩みを相談し、家族内での助け合いはみられるが、悩みの相談相手に日本人や専門職を回答した人は少ない。中国帰国者はホスト社会に自分を位置づけることができておらず、ソーシャルキャピ

タルの乏しさゆえに社会的孤立状態にある（河本 2022：105）。

　高齢期になると医療、介護など専門職との相談、連携が必要になることも多い。乏しいソーシャルキャピタルを補い、生活の質を高めるような支援が必要とされる。2001 年、永住帰国が遅れたのは政府の不作為であるとして、全国の約 2,200 人の残留孤児が原告となり各地で国家賠償を提訴した。一連の訴訟は神戸地裁を除いてすべて敗訴した。しかしこれら一連の訴訟を経て、政府は 2005 年に「中国残留邦人等の円滑な帰国の促進並びに永住帰国した中国残留邦人等及び特定配偶者の自立の支援に関する法律（以下、支援法）」を改正し、「新たな支援策」が施行されることとなった。新たな支援策では、支援対象を帰国者本人とその配偶者と規定し、老齢基礎年金の満額支給および支援給付金[8]の給付といった経済面の保障[9]、地域での支援として帰国者ネットワーク支援、日本語学習支援、自治体が行う自立支援通訳・自立支援員の派遣費補助が行われることとなった。この新たな支援策施行の前後に当たる、2001 年から 2007 年に中国帰国者支援・交流センター（以下、センター）が全国 7 か所[10]に設置され、日本語学習、生活相談、介護にかかる環境整備の実施など永続的な支援が行われるようになった[11]。

3. 中国帰国者支援・交流センター

　7 か所のセンターは厚労省が各地の社会福祉協議会等[12]に運営を委託し、運営予算は厚労省から支出される。職員の雇用は各センターが個別に行う。各センターの職員体制は、所長、企画主任、教務主任、地域支援コーディネーター、介護支援コーディネーター、生活相談員、事務員、職業相談員、通訳である。生活相談員、職業相談員は、帰国者と行政等との間で連絡や調整を円滑に行うため、日中間の通訳を日常的に行っている。これらの職種は業務の一部として通訳を行う。職員の雇用に国籍要件はないが、帰国者の多くが日本語での意思疎通に苦労していることもあり、通訳職員および業務の一部に通訳を

行う職員（以下、通訳職員）には、高い中国語運用能力を持つことと日本の制度に明るいことが期待される。その結果、通訳職員には、日本語が堪能な中国帰国者二世・三世、留学や結婚等で来日し定住している中国人、中国語が堪能な日本人が雇用されることが多い。それら通訳職員の雇用形態はセンターにより異なり、今回の調査では契約職員や嘱託職員としての雇用が確認された。センターの通訳は常駐しており、帰国者は来所して直接、あるいは電話で通訳を依頼できる。

　センターの通訳職員には、語学力のほか中国帰国者の歴史的背景を知っていること、理解していることも重視される。「中国帰国者の歴史的背景」は帰国者支援に関わる人が頻繁に使用する言葉だが、必ずしも明確な定義があるわけではない。その意味は使用されるコンテキストにより異なるが、戦後の混乱で家族と離れ養父母の家で育てられたこと、中国では「侵略者」として差別や排除を経験したこと、戦争とそれに続く日中間の外交関係不在のため親族探しや永住帰国が国交回復以降になったこと、長期間中国で暮らしたため日本国籍だが日本語が流暢とは限らないこと、永住帰国が遅れたため日本の社会・制度・文化・サービス等をよく知らないこと、永住帰国後非正規職に就き低所得の生活をせざるを得なかった人が多いこと、高齢期も支援給付金が生活の糧で生活保護レベルの生活をしている人が多いこと、などの一つまたは複数を意味することが多い。

　センターは管轄下の自治体に暮らす中国帰国者向けに、通所で参加できる日本語[13]、ダンス・運動・介護予防等の講座を開設し、社会見学や交流イベントを定期的に開催するほか、常時帰国者の相談を受けている。各センターに通訳や生活相談員が配置され必要に応じて電話通訳や同行通訳を行うなど言語面のサポートも提供する。帰国者の高齢化が進み介護サービスが必要な人が増えたことから、中国帰国者が安心して介護サービスを受けられるよう 2017 年に「語りかけボランティア[14]」が導入され、それに伴い介護支援コーディネーター[15]も雇用している。また、不定期ではあるが、中国帰国者向けの介護保険の説明会や、地域社会に帰国者を知ってもらう啓発活動等も行って

いる。

　ところで、帰国者を支援する通訳には、居住する自治体が委嘱する非常勤通訳である自立支援通訳がある。自立支援通訳は、医療・介護サービス利用、健康相談や就労相談を受ける際、公的機関から援助を受ける際などに通訳が必要な場面に同行して、通訳業務を行う。本章では、広域を担当し、自立支援通訳よりも対応ケース数が多く、多機関・多職種との連絡、調整を行う生活相談員を対象とし、自立支援通訳については触れないこととする。

4. 生活相談員へのインタビュー

　本研究では日本各地のセンターに勤務する3人の通訳職員にインタビューを行った。1人は生活相談員と通訳派遣を担当する契約職員、1人は日本語教育支援と地域支援コーディネーターを担当する契約職員、1人は生活相談員と交流担当職員を兼務する嘱託職員のXさんである。ここでは、Xさんへのインタビューを取り上げ、分析したい。Xさんを取り上げる理由は、他の2名が勤務1年目、2年目だったのに対し、後述するように勤務年数が長く、センターと行政の関係、帰国者支援についてより深く聞くことができたからである。インタビューは2023年に実施し、Xさんが勤務するセンターの会議室で約1時間行った。使用言語は日本語である。

　Xさんは片親が残留孤児で、2000年代に両親と永住帰国した帰国者二世である。永住帰国後いくつかの仕事を経験し、知り合いからの紹介でセンターに勤務するようになった。センターでは非正規職員[16]として10年以上働いており、担当業務の一つが生活相談員である。生活相談員は、図1で示したようにセンターの管轄地域に居住する帰国者の日常生活での困りごと相談のほか、行政窓口での手続きやサービスに関する連絡・相談・調整、医療・介護・福祉関連機関等との連絡・相談・調整、自治体が帰国者に派遣する自立支援相談員への助言等の広い範囲にわたる業務に従事している。必要と判断した場

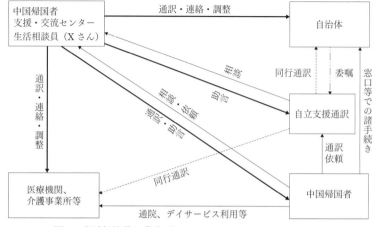

図1 生活相談員の業務（Xさんへのインタビューから作成）

合は医療機関への同行通訳や電話通訳も行う。

Xさんは生活相談員の業務を以下のように説明する。

> 利用者（帰国者）が窓口に来たり電話をかけて「こういうことで困ってます」って言った時にその担当の人（行政職員）とか県（の担当者や担当窓口）に連絡する。そのつながり役が私になるんですよ。中国語を話せるということで……行政職員と連絡したりとか、確認事項とか多いんです。

Xさんは帰国者の要請を受けて、当該帰国者の居住する地域の適切な行政窓口に連絡し、円滑に手続きをすすめられるようにしたり、サービス受給ができるよう必要な書類を問い合わせ、状況説明、要望の伝達などを行う。相談に来た帰国者がどの行政窓口に行けばよいかわからなくても、Xさんに相談すれば、ワンストップで適切な窓口につないでくれ、手続きにかかる必要事項や書類もわかるようになる。

日本語がわからないと伝えるすべがないので、そうなると行政はそもそもその人が困っていらっしゃることすら知らない。窓口対応する職員によって認識（が）全然違います。「皆さん日本語よくできるし、困ってない」と言ったりするんですよ。「（総じて帰国者は日本語が）しゃべれないですよ」って言ったり、「（多くの帰国者は）困っていないんじゃなくて、困って相談に行っても伝わらないから、言うのをやめてるだけですよ」っていうのを、その都度その都度（私から）何度も言ったりして。

　日本の行政手続きでは、本人が相談、手続きに行くことが一般的である。行政側では窓口に来る人が「日本語が良くできる」ことから「だれでも日本語ができる」し、だから「困っている人はいない」と認識する。一方、Xさんは通訳業務の経験から、日本語でのコミュニケーションに不自由している帰国者が存在し、そのような人はうまく伝えられないことからそもそも窓口に行くことができない、あるいは行かない選択をしていることを知っている。Xさんはニーズを持ちながら行政窓口に行かない、あるいは担当職員に伝えることができない人の存在を行政職員に伝える役割も果たしている。

　生活支援通訳をしていると、前例がないケースにも出合う。行政では前例に倣うことから過去に事例がないとその対応はなかなか進まないことも多い。Xさんはこれまでに前例にないケース対応をしたことがあった。相談に来た帰国者は数年間困った末に相談してきたという。このケースへの対応はXさんにとっても大きな課題だったという。

　一番大きいのは「前例がない」と言われること。行政からよく言われた。以前は「何とかお願いできないかしら」っていうか、「もう一回確認お願いします」とか（いう意図が伝わるよう婉曲に伝えた）……今はもうはっきりお願いします。ズバッと（言います。なぜなら）帰国者は困ってますよ。ずっと我慢してて。

第5章　高齢化した中国残留孤児家族と支援者・専門職を繋ぐ　127

行政が規定や前例に基づいて業務を行うことはＸさんもよく理解
しており、帰国者と行政担当者の間に立ち、前例がないケースに迅速
に対応してほしいと思っていても、以前は関係部署に明確に要望など
を伝えることができなかった。しかし、Ｘさんは生活相談員として帰
国者に接し、困ったことがあっても我慢し続けてきた帰国者たちの存
在を知ることで、たとえ前例がなくても、自治体が対応可能なケース
の場合は対応してほしい旨をはっきり伝えるようになったという。

　高齢期を迎えた帰国者の中は介護認定を必要としている人もおり、
実際に介護保険を利用している人もいる。しかし、介護保険の制度を
知らなければ利用にもつながらず、利用者が申請しなければサービス
も利用できない。しかし、中国で施設やヘルパーによる介護を知らな
かった帰国者が介護保険の制度を理解するのは容易ではない。Ｘさん
は高齢期を迎えた帰国者に介護保険制度への理解を深めてもらうこと
も業務の中で行っている。家族以外の専門職が、要介護度に合わせて
介護を行う制度があることを知っていることは、日本で高齢期を過ご
す上で非常に重要と考えているからだ。

　　高齢帰国者は（介護保険に）要介護度があることを知ってるだろ
　　うと思ったら知らなかったりして……交流会の時に（介護保険に
　　ついての）資料を用意して、日本語と中国語を両方準備して（移
　　動のバスの中で説明した）。中国語だけ見せたら相手が分からな
　　いので、日本語の資料も準備して。（日本語の該当箇所を）指差
　　したらいいとか説明したり。

　行政が作成した介護保険の資料には中国語版がほとんどないことか
ら、行政が作成した資料の重要点を抽出しセンターで翻訳して日中二
言語併記の資料を準備して、帰国者本人が日本語で会話できなくても
指差すだけでコミュニケーションがとれることを帰国者に説明したこ
ともある。それは、家族介護に固執することで老老介護に陥り、帰国
者夫婦の生活の質が大幅に下がったり、子ども世帯に大きな負担がか

かることを知っているからである。

　　もう介護を申請、絶対した方がいいと（判断したら、その人の）
　　代わりに地域包括（支援センター）に連絡します。市の（介護保
　　険課など、その帰国者が住む自治体の担当課の）方にも「（その
　　帰国者の状態は）たぶん大変なことになってますよ」って（連絡
　　する）。ケアマネージャーの○○さんってご存じないですか？中
　　国語が話せる人。あの人にも（連絡して、その帰国者の担当をお
　　願いできないか打診する）。

　介護保険は本人、あるいは家族や代理人が本人に代わって申請を行
わなければサービス利用につながらない。介護保険自体は帰国者も中
国籍の配偶者も介護保険制度を利用可能だが、制度を知らなければ
サービス利用を申請することはできないし、思いつくこともない。X
さんは介護専門職の経験はないが、生活状況を聞いて介護サービスが
必要と判断した場合は専門職との橋渡しのため、中国語で聞き取った
内容を帰国者の居住地区を担当する地域包括支援センターや、その地
域の中国語が話せるケアマネージャーに連絡する。そして家族と連絡
を取り合い、介護保険サービスの申請手続きを進める。Xさんが迅速
に専門職に連絡し、帰国者を介護保険サービス利用に結び付けること
ができるのは、Xさん自身がセンター業務として介護予防教室の企
画・運営に携わり、介護について基礎的知識を身に着けたこと、セン
ターに介護専門職の資格を持つ介護支援コーディネーターを雇用して
いること、語りかけボランティア派遣のため地域包括支援センターや
ケアマネージャーとの連携ができていることがある。

　　長期的なサポート考えると……拒まれる方もあるけど……訪問介
　　護、絶対した方がいいと思うんです。

　中国には介護保険制度がない。親を養うことが儒教の親孝行の本質

第5章　高齢化した中国残留孤児家族と支援者・専門職を繋ぐ　129

（刘函池　2019）とされ、子どもが高齢の親の世話をすることが良いことと認識されている。そのため介護が必要な状態になっても面識のないヘルパーの訪問介護より家族介護を希望する帰国者もいるという。しかし、子ども世代は就労しており、家族だけで長期にわたって介護を行うことは難しいことを知る X さんは、介護保険制度を利用することは、帰国者一世の生活の質を向上させるだけでなく、二世にとっても良いと考えている。

　ここまで、X さんはかなり踏み込んで帰国者の生活に関与しているようにみえるが、生活相談員として職務や裁量の範囲について、どのように考えているのだろうか。

　　（介入するのは）必ず上司に伺いを立ててから。基本的に勝手に判断はできない。全てにおいて、必ず上司に確認して。「いいですか？」って伺いを立ててから。（例えば電話で相談があったら）いったん切るんです。こっちからかけ直しますって。（上司に）簡潔に報告して「私としてはこういう風にサポートしていきたいです。」（と伝えて、上司から）「ここはやりすぎ」とか「ここまでしなさい」という指示が出れば、そういうふうに（対応する）。

　支援について、X さんは必ず上司に伺いを立て、上司がセンターの業務に則ってどこまでどのように支援するか決定している。例えば以前、センターから遠方に住む帰国者から自立支援通訳が不在になり困っていると相談を受けたことがある。X さんはその帰国者から詳細を聞き、問題解決のために自立支援通訳による同行通訳が必要と考えたが、自立支援通訳の採用と雇用は自治体が行うことになっていてセンターは関与できない。X さんは上司に相談し、その帰国者が居住する自治体の担当課に連絡して事情を説明した。結果、自立支援通訳が採用され、その帰国者の問題は解決された。

　X さんの話では、法的責任を負うような支援は行わないという。組織の一員として業務を遂行する以上、上司の判断を仰ぐことは必要で

あり、また上司はXさんが一人で責任を負うことにならないよう守っているともいえる。

　Xさんの業務に対する態度はどういうものだろうか。

　　感情移入しないようにとは言ってるんだけど……この人を手放してしまったら、この人に今後何かあったときは本当に助けてあげられなくなるっていうことを思ってやってます。できるだけ（センターに）今来てる人、来てた人とはつながるというか、そういう風にしてるんですね。

　支援を行う際に「感情移入しない」というXさんだが、上の言葉からは、Xさんが帰国者をつなぎとめ、必要な支援を提供したいと考えていることがわかる。支援法制定以来、帰国者の支援は居住する自治体も行っているが、Xさんの語りからわかるように自治体の職員の中には帰国者の事情を知らない人も少なくない。また、日本語で十分に意思疎通できないため窓口に行くことを躊躇する帰国者もいる。Xさんはセンターとつながることで必要な支援ができると考え、積極的に帰国者の状況を把握するようにしている。なぜなら行政はプライバシー保護の観点からセンターに帰国者の情報を提供しないからである。たとえば、転居でセンターと帰国者との関係が断絶してしまうと、帰国者が支援を必要としていたとしても、センター側ではその帰国者の情報を把握できないからである。そのためXさんは帰国者との連絡を絶やさないようにしている。また、Xさんは10年以上センターに勤務しているため、通所する帰国者だけでなく、遠隔地に住む帰国者についての情報も把握しているという。このような帰国者との関係構築を土台として、Xさんが帰国者から顔と名前を憶えてもらっていることは、帰国者が困った時にセンターに連絡してくることにつながり、生活相談員としての役割を果たす上でプラスに作用していると考えられる。

　Xさんが生活相談員の業務を行うためには、日中二言語での介護制

度、福祉制度などの知識が必要になる。知識の習得はどうしているのだろうか。

　日本語とか制度とか自分の時間を使って勉強するしかできないんですよね。わからないものがあったら周りに聞く。
　筆者：職場で研修会とかあったら参加する？
　そうです、時間の余裕があれば。特に一世と配偶者の介護だったり、病院だったり、医療とか見ているわけですよね。そしたら、専門的な知識って必要になるじゃないですか。介護保険とか勉強ですよね。勉強ですよ。年金も勉強しますし、医療のことも勉強しますし……職場でそういう（わからない）ことをメモして、家で検索をかけたりとか、自分の時間を使って。スキルアップまでいかないけど……（ただし家族の世話もあるから）残業はしない。

　日々の業務があるため研修会は時間の余裕があれば参加する。Ｘさんは高齢の両親と同じ公営住宅に住み、日常的に両親の身の回りの世話をするため残業はしないが、業務時間中に職場の同僚に聞いたり、業務時間外にインターネットなどを利用して独学で医療や介護保険などの知識を身につけ、アップデートしている。他方、こうした語りは、Ｘさんを通した支援がＸさんの就労時間外の知識習得にも支えられていることを示している。
　最後に、Ｘさんに帰国者支援への姿勢を聞いた。

　やっぱりもともと自分は二世だし……親のことを考えると（帰国者一世は）同じですよ。誰もやってくれなくなると、もうなんて言ったらいいか悪いけど、（一世は）死を待つみたいな感じの日本の暮らしをしていることになるんですよ。つらいし、寂しいし、周りの人は誰も自分のこと気づいてくれないし。今まで中国で暮らした経験というと、政府とか国の悪口言っちゃいけないと

か、訪問してもらったら「ありがとう。ありがとう」しか言えないとか。そうじゃなくて、本当に困っていることについてはそれこそ親身になって、感情移入はしちゃいけないけど、ただし親身になって（関わる）。その人が本当に困っていることは、解消までいかないけど、せめて少し良くなるためにやるべきことをやってみるという感じですね。

　帰国者一世は中国では国家権力に従うこと、自らの権利や要望を主張しないことを暮らしのなかで身に着けてきており、もともと行政機関などに生活上の困難を相談し、要望を出すことには不慣れであるという。さらに永住帰国後は、日本社会で経済的に困窮し、社会的に孤立し、周囲の日本人からの理解も助けも得られない状況に置かれてきた。その様子を見てきたXさんは、永住帰国した日本で支援がなければ、帰国者一世はただ「死を待つみたいな」無為な暮らしになると考えている。中国帰国者の背景を知る二世として親世代の生活を見てきたXさんは、感情移入することなく業務に取り組むと言う一方で、利用可能な制度につなげていくことなどを通して、できる限り帰国者一世の生活状況を改善していきたいと考えている。

5. 帰国者と制度をつなぐハブとして

　Xさんはどのような役割を果たしているだろうか。三点に分けて整理しよう。
　第一点は、ワンストップで帰国者と行政、医療制度、介護制度、そして介護専門職を結ぶハブとしての役割である。生活相談員がいることで、帰国者は日本語ができないことを苦にせず相談することができる。サービス受給のためには本人による申請が必要になるが、帰国者の場合は「制度を知らないから申請しない」「日本語に不自由しているから申請できない」という状況がある。Xさんは帰国者からの相談内容に応じて適切な制度を知らせ、制度について説明し、どこへ行け

ば申請できるのか伝え、窓口になる職員にも情報を整理して連絡し、確実に手続きできるようにしている。Xさんは、地域に暮らす帰国者の存在とニーズを、行政機関や支援やサービスを提供する機関につなぎ、可視化させている。

　第二点は、前例がないケースへの対応を行政に要望し、担当部署と交渉を行い、介護などのサービスが必要と判断すれば専門職に連絡するなど、帰国者の生活の質向上のため行政や専門職に動いてもらっていることである。これは通訳としては逸脱行為に当たるように見えるかもしれない。飯田は中国帰国者の通訳者へのインタビューから、通訳者は行政や医療者などとの関係を調整するために中立性や正確性という通訳者の倫理的基準から外れた姿が現れることがあるとしている（飯田　2010）。飯田はこのような姿を「逸脱行為」ではなく、「行政側からは単なる通訳ではなく，行政等の意図を理解させる役割を通訳者に求めている」が，「通訳者は帰国者の背景や思いが理解できるため，行政寄りの立場で伝えていくだけではうまくいかないこともわかって」おり、「立場を超えたかかわりを持とうとしている」と指摘する。Xさんは行政側の通訳ではなく、行政から委託を受けた組織に生活相談員として雇用されているが、Xさんの行う交渉や多機関、他部署、そして様々な職種にある人への連絡や制度利用の依頼などは、飯田の指摘同様、「単なる」通訳の範囲を越えている。Xさんは帰国者のニーズを把握し、上司の許可を得ることで、組織的な対応としての形をとりつつ、担当業務の範囲を拡張し、行政との交渉や多職種との連携を行っている。行政ではない組織に所属し、行政からみて第三者の立場にあることが交渉を円滑にしているとも考えられる。

　最後に、ここまで挙げたXさんの、行政や多職種との連携や交渉を可能にしているのは、Xさんによる制度・サービスについての継続的な知識の獲得であることも改めて指摘しておきたい。Xさんは業務時間内での研修にも可能な限り参加しているが、退勤後の時間を使って業務に関連する制度やサービスについて学び、知識と情報を蓄積している。

水野・内藤は、コミュニティ通訳には医療通訳・司法通訳・行政通訳の3種類があり、行政通訳には各種行政窓口での通訳、相談窓口での通訳、学校での通訳などが含まれるとする（水野・内藤　2015：27, 133）。Xさんの担当業務は行政通訳に属するが、案件によっては医療通訳をすることもある。行政通訳も医療通訳もその分野でしか使用しない言葉があり、正確な通訳のためにはそれらの言葉を正しく理解していることが必要である。また、コミュニティ通訳では通訳対象の二者間に知識、情報、権力において大きな開きがある（水野・内藤2015：31）。帰国者は日本語で情報を収集することが難しく、日本では一般的に知られている制度であっても、中国にない制度であれば知らないことも多い。そのギャップを埋め、わかりやすく説明するためには通訳者自身が制度やサービスを理解していることが必要になる。Xさんへのインタビューを通じて、生活相談員であるXさんが帰国者と行政や多職種との間で「翻訳者」として活動し、帰国者と必要な制度・サービスをつなぐハブの役割を果たしていることが明らかになった。

6. おわりに

帰国者の引き揚げは1972年の日中国交回復以降に開始された。長期間中国で暮らし、中国人である家族を伴って永住帰国した帰国者は「本国帰還という移民」であった。支援法制定により国費での帰国、帰国後の日本語学習、公営住宅への優先入居などが行われるようになり、「自立」した生活を送ることを期待された。しかし、日本語学習期間が短かったことから低い日本語力のまま就職し、低技能職や非正規雇用に従事し「自立」を達成できた者は多くない。定住政策として「適度の集中、適度の分散」が採用されたが、地縁血縁のない場所で社会関係資本を構築できず社会的孤立状態にある。

支援法の改正により導入された「新たな支援策」の一環として、センターが設置された。センターは厚労省の予算で運営され、支援法を

第5章　高齢化した中国残留孤児家族と支援者・専門職を繋ぐ　135

根拠として生活指導員などの通訳職員が配置されている。雇用形態は契約職員、嘱託職員などである。通訳職員は日中二言語に堪能であることに加え「中国帰国者の歴史的背景」を知り、理解すること、日本の制度に詳しいことが求められる。通訳職員に国籍要件はなく、雇用形態はセンターにより異なる。

　本章では、センターで生活相談員をしているＸさんへのインタビューから、「翻訳者」として帰国者の生活課題に関連する行政機関や専門職を巻き込み、交渉し、課題解決に向かう姿が明らかになった。帰国者一世は中国での生活を通して、国家権力に従うことや自らの権利や要望を主張しないことを身に着けており、行政機関などに生活上の困難を相談し、要望することには不慣れである。永住帰国後は日本語に不自由し、経済的に困窮し、社会的に孤立し、周囲の日本人からの理解も得られない状況に置かれてきた。自身が帰国者二世であるＸさんはそれらのことを経験的に理解し、帰国者の相談を受け、帰国者を行政、医療制度、介護制度、専門職とつなぐ、つまり帰国者と制度をつなぐハブの役割を果たし、高齢化が進む帰国者一世の生活の質向上に貢献している。行政とは別組織に所属するＸさんは、上司の許可を得て組織的な対応としての形をとりつつ担当業務の範囲を拡張し、行政との交渉を行っている。行政から委託される自立支援通訳の場合、飯田が指摘したように「行政等の意図を理解させる役割を通訳に求め」られるが、行政ではない組織に所属する生活相談員の場合、第三者の立場にあることで円滑な交渉が可能になるとも考えられる。それを可能にするのはＸさん自身が継続的に日本の社会保障制度や行政組織に関する知識を獲得していることである。

　最後に、限られた事例から見えてきた課題を２点挙げたい。まず、帰国者との関係構築と信頼獲得のため、「帰国者の歴史的背景」を知ることに加え、長期安定的な雇用が望まれる。次いで、生活相談員は多領域の知識が求められる。今回の事例では勤務外の時間も利用して業務に必要な知識を学び、蓄積していた。しかし、勤務時間外の「自己研鑽」は個人差が生じる可能性が高い。そのため、例えば、新規入

職者には先任者が蓄積したケースと対応を共有し、在職者にはできる
だけ勤務時間内に業務関連知識を学べるような支援を行うなど勤務外
の時間を利用せず知識の獲得を可能にすることなどが考えられる。

【注】

1) コミュニティ通訳とは司法や医療、教育、福祉、入国管理など幅広い場面での在住外
  国人やコミュニケーション障害者の生活に密着した通訳を指す（飯田 2017）。
2) これは状況不明者数であり、確実に死んだと思われるもの、生きている公算のあるも
  の、死んだらしいもの、まったくわからないものの総数である。
3) 身元保証人は永住帰国者の生活が立ち行かなくなった場合にその生活を保障すること
  を誓約する身元保証書を提出することになっていたため、親族が高齢だったり残留孤児
  との関係が遠い場合などは身元保証人になることを拒否されることがあった。
4) 1972 年以来の累計人数。厚生労働省のデータは主に国費帰国者のデータであり、表 1
  で私費帰国者のデータを含むのは 2007 年から 2019 年の 13 年間だけである。この前
  後の期間に私費で帰国した者を含めると永住帰国者数はさらに多いものと推測される。
5) 当初は複数開設されたが、永住帰国者の減少に伴い中国帰国者支援・交流センター首
  都圏センターに集約され、2016 年に閉所された。
6) 生活保護を受けず、労働して得た収入で生活することを意味した。
7) 割り当てられた定住地から転居することは自由にできるが、低所得の帰国者は転居に
  かかる費用が負担できないことが多く、また、日本語力の問題で転居先を探すことも難
  しかった。
8) 満額の老齢基礎年金等を受給してもその世帯の収入の額が一定の基準に満たない 60 歳
  以上の者に、公的年金制度を補完するものとして生活保護と同水準の金額が支給される。
9) 永住帰国前の公的年金の加入をさかのぼって追納できることとし、追納は全額国負担
  としたことで老齢基礎年金が満額支給されることとなった。また、残留邦人の 6 割が生
  活保護を受給していたことから最低限の生活基準を満たすよう支援給付金を給付するこ
  ととした。老齢基礎年金と支援給付金の合計額は生活保護受給相当額になる。給付は各
  自治体が担当する。
10) 首都圏、北海道、東北、東海・北陸、近畿、中国・四国、九州の 7 センター。
11) 「新たな支援策」では、このほか、配偶者支援金の給付、二世に対する就労支援など
  が導入された。
12) 各地に設置されたセンターは、委託先が異なる。社会福祉協議会の他、公益財団法人
  中国残留孤児援護基金に委託しているセンターが 1 つ、YWCA に委託しているセンタ
  ーが 1 つある。
13) 日本語教室についてはオンラインで参加できる授業を開講しているセンターもある。
14) 事前研修を受けて介護事業所や介護施設等を訪問し、中国語で話しかけて会話相手に

なったり、レクリエーションに付き添う。ただし、専門的な通訳や介護サービスは行わない。

15）介護福祉士などの有資格者で、語りかけボランティアの事前研修、介護事業所や介護施設等との連絡、調整を担当する。

16）週5日フルタイムで勤務し、土日もセンターで講座が開催されるためローテーションで出勤する。

【参考文献】

（日本語文献）

浅野慎一・佟岩 2016『中国残留日本人孤児の研究──ポスト・コロニアルの東アジアを生きる』御茶の水書房

蘭信三 2000「中国帰国者とは誰なのか、彼らをどう捉えたらよいのか」蘭信三編『「中国帰国者」の生活世界』行路社 pp.19-47

飯田奈美子 2010「中国帰国者の支援制度からみるコミュニティ通訳の現状と課題──通訳者の役割考察」『立命館人間科学研究』21：75-88

飯田奈美子 2017「対人援助のコミュニティ通訳者の役割考察──通訳の公正介入基準の提案──」『立命館人間科学研究』36：17-31

小田美智子 2000「中国帰国者の異文化適応──中高年の日本語教育を中心に」蘭信三編『「中国帰国者」の生活世界』行路社 pp. 87-114

河本尚枝 2021「高齢中国帰国者の生活支援ニーズ──ソーシャル・キャピタルの観点から」『広島大学大学院人間社会科学研究科紀要. 総合科学研究』2：95-107

厚生労働省 日付不詳「中国残留邦人等に対する「新たな支援策」について」https://www.mhlw.go.jp/seisaku/14.html（2024年6月30日最終閲覧）

厚生労働省 2017「「平成27年度 中国残留邦人等実態調査」の結果を公表します」https://www.mhlw.go.jp/stf/houdou/0000171057.html（2024年6月30日最終閲覧）

小林裕子 2014「司法通訳人の任務の諸相──司法通訳人の適格性を担保するために」『MEDIA, ENGLISH AND COMMUNICATION』4：243-256

田中宏 2004「中国残留婦人の二世に対する退去強制事件について」『龍谷大学経済学論集』43（5）：73-88

藤沼敏子 1998「年表──中国帰国者問題の歴史と援護政策の展開」『中国帰国者定着促進センター紀要』6：234-277

満洲開拓史復刊委員会 1966『満州開拓史』満州開拓刊行会

水野真木子・内藤稔 2015『コミュニティ通訳──多文化共生社会のコミュニケーション』みすず書房

宮田幸枝 2000「中国帰国者二世・三世の就労と職業教育」蘭信三編『「中国帰国者」の生活世界』行路社 pp. 175-199

（中国語文献）

刘函池 2019 新时代中国传统孝道思想的转化与传承——基于全国公民孝道观念的调查『思想教育研究』2 https://szpjzx.hbue.edu.cn/24/02/c5914a205826/page.htm（2024 年 8 月 12 日最終閲覧）

> 第6章
>
> # 外国籍市民が
> # 地域おこし協力隊隊員として働くのはなぜか？
> ## ―任用自治体と外国籍地域おこし隊員から見た初歩的検討―
> ### 上水流　久彦

1. はじめに

　ここ数年、地域おこし協力隊隊員として働く外国籍人材が増えている。彼らは自治体や地域で何を期待され、逆に彼らは自治体や地域に如何なる影響を与えているだろうか。また、彼らは行政職として働くことをどう考えているのだろうか。本章は、これらの点について、任用者側（自治体）と外国籍地域おこし協力隊隊員（以下、外国籍隊員）への聞き取り調査を通じて、彼らの「翻訳者」の役割について初歩的な分析を行う。これらの初歩的な分析から、①観光をミッションとする外国籍隊員の地域社会への影響は国際交流の増加等限定的であること、②観光分野ではなく、ここ数年増えている多文化共生分野の外国籍隊員の登場は、地域全体に一定程度の効果を与える可能性を持っていること、③しかしながら、行政そのものへの影響はあまりなく、今後の課題であることを明らかにする。

　ここでいう翻訳者とは、長坂が「序章」で述べるように、開発人類学で提起された翻訳者という概念を、行政の場で働く外国籍職員に応用したものである。長坂は、モスやルイス、久保らの議論（Lewis and Moss 2006：13-15、久保　2019：49）に基づき、「翻訳」をアクターが、他のアクターの関心や発想、そしてモノなどを結び付け、相互に巻き込んでいくことを指すとする。そして、「開発プロジェクトの現実化に、時に重要な、時にささやかな役割を果たすのが、レシピエントとドナーの狭間に立つ翻訳者・媒介者（以下、翻訳者と記

す）たちである」と述べる[1]。本章でも、そのように翻訳者を捉え、外国籍隊員の役割について見ていく。

　出入国在留管理庁によれば（出入国在留管理庁a日付不詳）、2023年6月末現在、日本に居住する外国籍市民は3,223,858人であり、その数は新型コロナウィルス感染症の影響で一時減少するものの年々増加してきた（ちなみに2014年3月末は2,066,445人）[2]。外国籍市民は労働力不足の日本社会で不可欠になっており（伊藤・崔2021, NHK取材班2019、芹澤2018）、人口減少が止まらない中山間地域では、地域振興に果たす役割も大きい（二階堂2022）。

　1990年代前半から広がる多文化共生（山根2017[3]）を、2006年の総務省の多文化共生推進プランでは、「国籍や民族などの異なる人々が、互いの文化的違いを認め合い、また対等な関係を築こうとしながら地域社会の構成員として共に生きていくこと」と定義する。日本の多文化共生政策に詳しい山脇啓造は、2000年代は外国人への生活支援が、2010年代は外国人の活躍支援が特徴だと分析し、2010年代からの多文化共生をバージョン2.0とする（山脇2019）。

　この分析に筆者も同意するが、現在は新たな局面を迎えている。多文化共生の生活支援にしろ、2.0の活躍支援にしろ、生活か活躍かという違いはあっても、外国籍市民は支援の対象であった。しかし、本書の「序章」や「第1章」で指摘するように、外国籍市民は最早支援「される」だけの存在ではない。公的機関で外国語指導助手（ALT）とは別に行政職員となる外国籍市民は、現在増加している。本章で取り上げる外国籍隊員に加え、国際交流員（通称CIR、地方公共団体の国際交流担当部局等に主に配属され、国際交流活動に従事する）[4]や、自治体独自の予算で任用される会計年度任用職員が数多く存在する[5]。つまり、支援される対象ではなく、支援する側として外国籍職員が日本全国で広がっている。そこで本書は、多文化共生の新たな研究領域として公的機関に勤務する外国籍職員を取り上げ、なかでも本章は近年増加している外国籍隊員に注目した。

　筆者が外国籍隊員を論じる理由は、上記に加え、地域おこし協力隊

という制度と外国籍隊員との間には矛盾があると当初考えたためである。次節で詳述するが、地域おこし協力隊制度では3年間の活動後、隊員の現地定住・定着が期待されている。だが、配偶者ビザ等を持つ者を除けば、外国籍市民が定住ビザを得ることは原則難しく、定住を最初から視野にいれることはできない。その点で外国籍市民を隊員とすることは、地域おこし協力隊制度の趣旨に反する。それにもかかわらず、自治体は外国籍の人物を地域おこし協力隊隊員として任用するのはなぜだろうか。この問いが本研究の出発点にある。

2. 地域おこし協力隊制度

地域おこし協力隊制度は2009年度に総務省が設けた。総務省の説明によれば、「都市地域から過疎地域等の条件不利地域に住民票を異動し、地域ブランドや地場産品の開発・販売・PR等の地域おこし支援や、農林水産業への従事、住民支援等の『地域協力活動』を行いながら、その地域への定住・定着を図る取組（総務省a日付不詳）」である。地方自治体が実施主体で、特別交付税で措置されている。任期は1年から3年で[6]、隊員は当該地域に居住し、専門性等を活かし、地域の活性化に資する。かつ、最終的には当該地域への定住・定着が期待され、事実、令和5（2023）年3月末でおよそ65%が同じ地域に定住していた（総務省地域力創造グループ地域自立応援課 2023：20）。令和5（2023）年度時点で隊員は7,200名、1,164の自治体が受け入れている（総務省地域力創造グループ地域自立応援課 2023：2）。総務省は令和8（2026）年度に1万人の隊員確保を目標とする。

待遇は地方自治体で異なるが、協力隊員の活動に要する経費に対して隊員1人あたり520万円を上限として総務省は財政措置を行っている（報償費等：320万円、その他活動経費：200万円）。この他、①地域おこし協力隊の募集等に要する経費：300万円／団体を上限、②おためし地域おこし協力隊に要する経費：100万円／団体を上限、③地域おこし協力隊インターンに要する経費（団体のプログラム作成

等に要する経費）：100万円／団体を上限、④地域おこし協力隊員の日々のサポートに要する経費：200万円／団体を上限、⑤地域おこし協力隊等の起業に要する経費：任期2年目から任期終了翌年の起業する者1人あたり100万円上限、⑥任期終了後の隊員が定住するための空き家の改修に要する経費：措置率0.5、の経費が認められ、さらに任期終了後の起業・事業継承に向けた支援もある（総務省a日付不詳）。

　なお、2024年度から、JETプログラム参加者等の外国人住民に対し、地域おこし協力隊の取組の理解を深め、採用につなげる自治体の取組（200万円／団体を上限）や、外国人の隊員に必要なサポート（100万円／団体を上限）に要する経費について、新たに道府県に対し特別交付税の措置がなされた（総務省b日付不詳）。現在、政府は労働力不足への対応で外国人人材登用を積極的に推進しているが、その波は地域おこし協力隊制度にも及んでいる。

3．外国籍隊員

　筆者が管見する限り、外国籍隊員に関する学術的分析は、山本訓弘による2017年のグローバルビジネス学会2017年度研究発表会予稿集が最初である（山本2017）。そこで取り上げられている外国籍隊員数は、2017年6月時点で11名である。本書の基盤となった「移民政策への国家誌的アプローチの構築－翻訳者としての行政職員に注目して」（萌芽的研究　代表長坂格　JSPS 21K18398I、以下、翻訳者科研）では、外国籍市民が100人以上いる1,186の自治体を対象にアンケート調査を2021年度に実施したが、回答を得た652の自治体のうち外国籍隊員がいると回答した数は、36自治体であった。

　だが、現在はさらに多い。2024年1月29日付の讀賣新聞（2024）によると、正式な外国人隊員数の統計は総務省にないものの150人程度いるとされている。筆者は2020年4月から翻訳者科研の一環として、外国籍隊員の調査を開始したが、筆者の実感としても年々増え

表1　山本（2017）にみる外国籍隊員出身国など

地域	属性	国籍	業務
奈良県吉野町	30代男性	アメリカ	観光情報発信
奈良県川上村	20代男性	アメリカ	農産物販売
奈良県十津川村	30代男性	フランス	林業
福岡県宗像市	20代男性	フランス	観光情報発信
山形県村山市	20代男性	マレーシア	観光情報発信
新潟県上越市	30代男性	スペイン	農産物加工
岡山県真庭市	30代男性	韓国	ゲストハウス
長野県売木市	40代男性	ドイツ	観光産業
和歌山県串本市	20代女性	トルコ	観光情報発信
大分県竹田市	20代女性	中国	観光情報発信
大分県竹田市	20代男性	韓国	観光情報発信

山本（2017）図-2「外国人地域おこし協力隊就任地域」を
転載

ている。

　外国籍隊員の出身国とミッションを見てみよう。山本（2017）の
11名の出身国は、アメリカ2名、フランス2名、韓国2名、マレー
シア、スペイン、ドイツ、トルコ、中国が各1名である（表1）。
ミッション（業務）はゲストハウスも含め観光に関する外国籍隊員が
8名で、農業関連が2名、林業が1名である。

　次に総務省「外国人の地域おこし協力隊の事例」（総務省c日付不
詳）についてである。この資料は2022年時点のものと思われ[7]、24
名の隊員が紹介されている。その内訳は、次頁表2の通りである。
出身国・地域は、中国と台湾の5名が最も多く、次いで2名のベト
ナム、アメリカ、インドネシアである。その他は1名で、香港、
オーストラリア、ロシア、カナダ、ドイツ、フランス、カンボジア、
モンゴルである。ミッション（業務内容）は観光分野が14名と圧倒
的に多い。ついで商品開発・販売と教育・文化が3名で、地域コ
ミュニティが2名で、移住・定住促進、農業林業が各1名である。

　最後に筆者が2020年から聞き取りを行った11名についてである
（表3）。プライバシー保護のためインタビューを行った自治体名称を
記さないが、北海道、東北、関東、中四国、九州にある自治体で聞き

第6章　外国籍市民が地域おこし協力隊隊員として働くのはなぜか？　　145

表 2 総務省外国人の地域おこし協力隊の事例（令和 4 年度時点）

業　務　内　容	業務合計	中国	香港	台湾	ベトナム	豪州	ロシア	カナダ	ドイツ	米国	フランス	カンボジア	インドネシア	モンゴル
移住・定住促進	1	1	0	0	0	0	0	0	0	0	0	0	0	0
観光・情報発信	14	2	1	4	1	1	1	1	1	1	1	0	0	0
商品開発・販売	3	0	0	1	0	0	0	0	0	0	0	1	1	0
地域コミュニティ活動	2	0	0	0	1	0	0	0	0	0	0	0	1	0
農業林業	1	0	0	0	0	0	0	0	0	1	0	0	0	0
教育・文化	3	2	0	0	0	0	0	0	0	0	0	0	0	1
合　　　　　計	24	5	1	5	2	1	1	1	1	2	1	1	2	1

表 3 筆者調査事例

業　務　内　容	業務合計	台湾	ベトナム	インドネシア	モンゴル
観光・情報発信	7	5	1	0	1
多文化共生	3	0	3	0	0
フリーミッション	1	0	0	1	0
合　　　　　計	11	5	4	1	1

取りを行った。規模は中山間地域にある、または抱える人口 5000 人程度の町から人口 3 万から 5 万人前後の市で、10 数万人の市がひとつあった。

　出身国は台湾が 5 名と多く、ついでベトナムが 4 名、インドネシア、モンゴルが各 1 名である。ミッションはここでも観光分野が 7 名と断然多い。続いて多文化共生が 3 名、フリーミッション（実質的には地域振興で農業や飲食店経営を目指していた）1 名である。

　この 3 つのデータからは、観光分野（情報発信を含む）に従事する外国籍隊員が圧倒的に多いことがわかる。外国語能力による国外への情報発信やインバウンドへの対応が期待されている。総務省の取組を紹介する讀賣新聞（2024）にも「外国人目線でのツアー企画や商品開発、SNS での情報発信や通訳を含めた海外観光客の観光案内などを期待している」とあり、この傾向は今後も続くであろう。

　3 つのデータに共通する 2 点目は、アジア系の出身者が多いことである。山本（2017）のデータのみ 11 名中 5 名（韓国、マレーシア、トルコ、中国）で半分に届かないが、それでも多い。総務省や筆者の

事例では、アジア出身者が圧倒的に多い。

2017年の山本の事例と総務省や筆者の事例には違いもある。後者では、台湾出身者が多い。台湾の人口約2,300万人という規模に鑑みてもその比率は高い。自治体が台湾人観光客を含めた中国語圏の観光客のインバウンドに期待していることが見て取れる。

もうひとつの違いは、ベトナム出身の隊員の登場である。その傾向は、筆者の調査でも鮮明で、多文化共生を業務とするベトナム人隊員が地域で活躍するようになっている。明らかにここにはベトナム人技能実習生の急激な増加が影響している。技能実習第一号の統計だが、2015年時点では中国出身者が38,327人で最も多かったが（ベトナム出身者は32,652人）、2016年からは逆転しベトナム人は43,774人、2019年には91,170人と、2位の中国34,685人を抜き、圧倒的に多くなった（出入国管理庁b日付不詳：11）[8]。自治体においてベトナム人住民との共生は、現在、重要な課題である[9]。

4. 自治体側が語る外国籍隊員

外国籍隊員の任用には、国籍にかかわらず募集した結果外国籍の隊員を任用した場合と、当初から外国籍隊員に絞って任用した場合の2つがあった。東日本のある自治体では、観光をミッションとして募集をしたが、適任者が外国居住の現隊員であり、外国居住の者の任用について総務省に確認したところ（レアケースであったようで担当者が戸惑っていたという）可であったため、採用した。もうひとつは外国籍を対象に募集する場合で、国籍指定の場合と無指定の場合があった。多文化共生をミッションとする場合、ベトナム出身者と国籍を指定して募集、または探していた。一方で、観光分野では、中国語圏と一定程度範囲を定めた自治体もあったが、一カ国に絞っての募集は聞かなかった。

担当者側が外国籍隊員に期待することは、当然ながらミッションの遂行であった。ミッション以外の関わりへの期待は、自治体職員から

聞くことはなかった。ただ、結果的にミッションを越えての地域への影響はあった。この点は後述する。

　ミッション重視という姿勢は、担当部署以外の部署と外国籍隊員との交流にも影響していた。市町の広報誌で紹介されるため、外国籍隊員がいることは役所・役場で知られてはいるが、フロアが異なれば、ほとんど他部署とは交流がなかった。あったとしても、観光分野の外国籍隊員がゴミ出しの件で通訳として他の部署から依頼がある程度というものであった。

　地域おこし協力隊制度の最終的な目標である定住・定着については、配偶者ビザを持つ外国籍隊員は別にして[10]、いずれの自治体も任用開始当初は期待していなかった。ビザの関係で定住・定着はできないと考えていたからである。観光情報の発信等ミッションを3年間で達成できたら、それで十分だと考えていた。定住・定着の期待の点で、筆者がこれまで調査した日本籍隊員への自治体の思いとは異なっていた。

　ただし、隊員をやめた人物がその地で起業する姿を見て、定住もできると理解した担当者もいた。また、外国籍隊員と働く中で、今後もその人物が地域に残りたいというのであれば、何らか支援を行いたいと考えている担当者もいた。さらに正規職員への任用ができないかを模索する担当者もいた。

　地域おこし協力隊制度を利用した、全ての自治体に共通する理由が予算の確保の容易さであった。既述したように隊員の数は右肩上がりであり、政府が積極的に活用を推奨している。地域おこし協力隊制度に関する費用は特別交付税で、普通交付税よりも財政的にはやや不安定だが、予算が得られやすいと考えていた。この他、地域おこし協力隊の募集サイトがあり、地方の自治体でも応募者が来ると回答した自治体もあった。

　さらに地域おこし協力隊制度を利用する理由として、3年という期限をあげる自治体も複数あった。多文化共生におけるベトナム人隊員の任用はまさにベトナム人の技能実習生等の増加に対応していたが、

主要な技能実習生が中国人からベトナム人に数年で変わったように、今後、インドネシアやミャンマーへシフトする可能性も指摘されている。インバウンドでは、近年中間層が増大した東南アジアからの観光客も増加しつつある。3年間という期限がある地域おこし協力隊は、自治体にとって状況に応じて出身国やミッションを柔軟に変えられる。

外国籍隊員任用の背景には、上記理由の他に高度な外国語能力を持つ正規職員の少なさもある。都道府県や政令指定都市であれば、英語のみならず中国語や韓国語にかなり堪能な日本人職員はいる。だが、地域おこし協力隊隊員を任用する自治体の規模は大きくない。近年、技能実習生の雇用の拡大によって、中山間地域や過疎地域でも外国籍住人は増え、日本人住民との摩擦の解消も課題となってきたが、これまで外国人住人への対応は中山間地域にある自治体にとって主要な業務でなかった[11]。このことに鑑みると、高度な外国語能力は特段、これらの自治体の職員に求められなかった。予算が獲得しやすい地域おこし協力隊による外国人の任用は、このような規模の小さい基礎自治体のもつ構造的な課題に対応するものと言えよう[12]。

外国籍隊員の任用にあたっての日本籍隊員とは異なる特別な配慮は幾つか指摘があった。一つ目は、ビザ申請のサポートである。日本籍隊員であれば、もちろん不要だが、外国籍隊員には必要である。例えば、留学生ビザから就労が可能なビザ（技能・人文知識・国際業務）への切り替えである。出入国在留管理庁への申請等における専門用語の多さや、切り替えのタイミングの問題（場合によっては空白期間が生じる可能性がある）から支援を行ったという。

次に住居の準備である。不動産店舗で居住を拒否される外国人が多い故に自治体で借り上げている住居を提供する等、部屋を借りるサポートを行っている自治体も少なくなかった。この他には、引っ越しの手伝いである。車もなく大きな荷物を運ぶ姿を見て手伝ったりしたと語った担当職員もいた。また、外国籍隊員に限らずと断ったうえで、地域の気候や地域活動へ誘いがある等と説明したと回答した自治

第6章　外国籍市民が地域おこし協力隊隊員として働くのはなぜか？　149

体もあった。

　自治体職員に対する外国籍隊員の翻訳者としての影響力については、次のようなことが言える。観光分野に従事する外国籍隊員に期待されるのは、インバウンドに関わるイベントの実施であり、国外（特に出身国）との調整であった。自治体側の意見では、外国人を隊員とする理由は、外国語での情報発信や国外との調整に加えて、外から見て当該自治体の観光の魅力や課題を見いだしてほしいというものであった。外国人観光客のニーズを把握し、提言するという点で翻訳の機能を果たしているが、ミッション以上の翻訳を自治体側は期待していなかった。

　多文化共生分野で任用された場合、外国籍市民と自治体職員間の、または外国籍市民と日本人住民間の翻訳も行われた。ベトナム人を外国籍隊員とする自治体では、自治体側の情報（例えば、国際交流活動のイベント案内等）を監理団体や企業を介さずに直接技能実習生に伝えることや、彼らの不満やニーズを把握することを外国籍隊員に期待していた。実際、技能実習生を雇用するある企業が彼らに自転車に乗ってスーパーや会社に行くことを禁じていたが、そのような実態の詳細を外国籍隊員から知るとともにその改善が行われた。また、別の自治体では厳冬期の通勤の厳しさの声（自転車での通勤の大変さ）を外国籍隊員が技能実習生から拾い上げ、通勤を快適にする対応を企業と連携して実施した。他の自治体では、外国籍隊員だったとしても役所・役場から技能実習生に会いに行くことを技能実習生が恐れることに気づかされたという。役所・役場から見れば、親身になって彼らに会いに行くが、技能実習生にはその思いがそのまま届いてはいなかった。

　外国籍隊員の存在自体が影響を与えることも当然ある。まず、いずれの自治体でも日本人職員が外国籍隊員の出身国について関心を持つようになった。さらに外国籍隊員の所属を部署やミッションを越えて、地域全体に一定程度広がってはいた。例えば地元の学校での国際交流の講師（自国の紹介）を務めることである。広報誌にその採用や

コラム欄が設けられることもあった。東日本のある自治体では、本人のキャラクターもあるがと断ったうえで、スーパーで買い物していても日本人住民から声がかけられるようになったという。また、西日本の自治体では、外国籍市民と日本籍住民が一緒に参加するスポーツ活動が外国籍隊員によって開始された。この他、西日本のある自治体では、日本人住民が自分自身の目で外国人を初めて見たという声もあった。さらに、宗教に基づく風習を実践する姿を見て、「本当にそういう人がいるのだ」と実感したという声も地域で聞いたことから、日本籍住民の国際的視野を広げてくれたとする。別の自治体では観光分野をミッションとする隊員の存在によって、出身国へのビジネスへの展開や、高校の修学旅行の行き先に出身国が加えられた。

　自治体と外国籍隊員間の翻訳という点で最後に重要な点を指摘しておきたい。東日本の自治体では、隊員から活動した後の報告を口頭で行ってもいいのではないかと言われたが、書面での報告が役所として重要だと話をしたというやりとりを聞いた。隊員は、「日本は母国と違って、ステップバイステップで進む」と文化の違いを語り、市役所の職員は、「役所はプロセスを重視する職場だ」と語った。下から順に決裁を得、会議で関係者の承諾を取っていく「ステップバイステップ」や「プロセス重視」に外国籍隊員はもどかしさを感じていた。そして、日本の職員は隊員が何をしているかを他の部署から説明を求められた時、文書での報告は重要だとも考えていた。ただ、互いが話し合う中で、報告書の分量はかなり減ったということであった。文書主義の行政文化への見直しが行われたとも言えよう。ただ、このような事例は希有である。

　西日本のある自治体の担当者は、「行政側が自分たちの仕事を見直してくれたらいいのですけどね。自治体の多文化化というか」と語った。外国籍隊員の接触範囲が所属部署に限定されていることは、この職員も痛感していた。

　多文化共生のミッションで外国籍隊員を任用したとしても、その翻訳の対象は、技能実習生等の外国籍市民であり、彼らを雇用する企業

第6章　外国籍市民が地域おこし協力隊隊員として働くのはなぜか？　151

であり、彼らの隣人である地域住民であった。自治体（職員）そのものは、翻訳された情報を知ることはしても、またその情報から技能実習生や地域住民、企業への施策を新たに行うことはあっても、自治体側のあり方そのものを見直すことはまれであった。今回の聞き取り調査では、自治体職員が技能実習生を訪ねた折の彼らの「恐れ」への気づきや文書主義の検討程度であった。職員が自分たちの仕事のあり方を見直す契機には外国籍隊員の存在はほぼなっていなかった（制度としてもそれは、そもそも期待されていない）。

5. 外国籍隊員が語る地域おこし協力隊制度

　まず隊員となった契機である。3つのパターンがある。一つ目は、地域おこし協力隊募集のサイトや自治体の募集サイト、転職サイト（マイナビ）を見てというものである。国外から見て応募した隊員もいた。会社員から転職する折にサイトから応募した隊員もいた。二つ目は、日本語学校経由である。自治体の担当者が日本語学校に赴き、適任者がいないか、問い合わせ、日本語学校が希望者を探していた。三つ目は紹介である。例えば、ベトナム人隊員が別のベトナム人を紹介する事例や、日本人の知り合い（大学の指導教員）から紹介された事例もあった。

　次に当該地域への定住についてだが、最初からその自治体への居住を強く希望している隊員はいなかった。ただ、活動を通して、居心地の良さやビジネスの可能性から定住を検討している隊員はいた[13]。例えば、東日本の自治体で活動していた隊員は、観光分野で業務していたが、そこに商機を見いだし、隊員としての任期を終えた後、起業し、調査時点では定住していた。配偶者ビザを持つ隊員は、そもそもビジネスの可能性があるのではないかということで、応募をしており、農業や飲食店経営の可能性を探っていた[14]。別の隊員は、出身国との連携において当該自治体で唯一無二の存在であることに働きがいを見いだし、県内定住も視野に活動をしていた。活動自治体ではな

く、日本への定住という点では、多くの隊員がそう考え、日本と出身国を結ぶ仕事には就きたいと考えていた。

　このように地域おこし協力隊への応募を外国籍隊員は活動地域への定住よりも、まずは日本に来る、居住する（し続ける）手段・契機として捉えていた。日本移住を考えた時、日本語学校卒業時または転職希望時に、選択肢となったのが地域おこし協力隊だった。故に日本での経験値を向上させる3年間であると割り切って考えていた隊員も少なからずいた。そのうちの一人は、今後、出身国でも日本でもない国への移住も視野にいれていた。

　新型コロナウィルス感染症のため活動が規制されていた時期に話を聞いた隊員は、インバウンドがミッションだったが、業務へのもどかしさを強く感じていた。外国語でのホームページの作成や文章翻訳や通訳等、執務室でできる活動ばかりで、役所外でのイベントや外国でのプロモーション活動等多くが制限されており、十分な働きが出来ていないと全ての隊員が感じていた。新型コロナウィルス感染症が5類になって以降は、基本的に積極的に活動をし、活動自体にはやりがいを感じていた。

　翻訳者という点では、前節で書いたように、彼らも多くの翻訳をしていると実感していた。その典型が、外国語での国外に向けての情報発信であり、現場で適宜行う通訳である。他にはミッション以外で、学校等での自国の紹介であった。積極的にそのような活動に参加していた。自分たちの存在が出身国への関心を役所・役場の職員や地域にもたらしていることは自覚していた。日頃から、「出身国ではどうか」と聞かれていたし、地域のイベントで出身国の文化を紹介することで、出身国への関心や理解が深まることを感じてもいた。高校の修学旅行コースに母国が行き先になったこと、母国の農林水産省職員来庁への対応を行ったことも、当人に誇りと働きがいを与えていた。このように地域の人々に出身国への理解が広まり、出身国との関係が深まることに喜びを覚えていた。

　通勤状況や自転車の使用改善のように、技能実習生と役場・役所、

第6章　外国籍市民が地域おこし協力隊隊員として働くのはなぜか？　153

地域、企業との翻訳と見なしうる活動もあった。既述した他に、フリーミッションの隊員はある技能実習生が仕事中にケガしたことに対し労災の申請をするべきと助言を行っていた。職場で就業中にケガをしたのにもかかわらず、企業が労災申請しないことが多々あり、そこに対応する窓口も作っていた。他の自治体の隊員は、税金未納の技能実習生への対応を行っていた。ただ、技能実習生への隊員からの連絡は、監理団体の同国出身の職員からの抗議を招いたそうで、外国籍隊員は監理団体との関わりが難しいと感じていた。

　ゴミ出しルールの説明も重要である。観光分野の隊員でもあっても、ルールの通訳（文化的背景の違いも含めて行っている点で言えば翻訳）をすることがあった。ただ、自治体ごとに違っていて、自分が教えたパターンでは自治体職員から「ダメだ」と言われたこともあり、「本当に複雑だ」と嘆いていた。方言への対応も行っていた。漁業で働く技能実習生は、現地の言葉で言われると怒られているように感じるということであった。そうではないことを技能実習生に説明することもあった。

　新型コロナウィルス感染症の流行期に地元にいる留学生を対象としたツアーを企画した隊員もいた。また、地元のラジオ番組を持っている隊員もおり、外から見た地元の魅力を伝える等していた。この他、外国籍市民を対象に日本語教室を行っている隊員もいた。

　地域になじむという点では、2人の外国籍隊員が消防団団員になっていた。ひとりは、外国籍市民が災害の時にどう対応すれば良いのかわからないという問題意識から参加していた。日本人の友人に誘われて参加した、情報発信をミッションとするもうひとりは、外国籍市民を対象とした防災訓練の必要性を語ってくれた。

　働きがいを口にする隊員たちだが、多くの外国籍隊員が自治体文化への不慣れは口にした。例えば、ある活動をしようと思っていても、予算化されていないからできないと言われ、「なぜなのか」と思う隊員もいた。起案や稟議書にも「慣れない」と語った[15]。西日本のある自治体の隊員は、仕事の段取り、流れが理解できておらず、早め早

めに上司が指示を出してくれたら良いと語っていた。日本人職員であれば当然習得しているであろう仕事の進め方も、自分には分からなかったという。一例をあげると、あるツアーを実施したが、参加者にアンケートを採る準備をしておらず、急きょ（彼から見れば）上司からアンケートを採ることを言われ、困ったという。他にも、イベントの実施可能性を上司に尋ねたとき、「できるよ」と言われたが、その後、そのイベントが実施できないことが判明したこともあったという。報告書の見直しがなされた話は、既述したとおりである。別の外国籍隊員は、地域おこし協力隊を地元の人が「何でも屋」と思っていて困るとも語った。行政が、地域おこし協力隊制度について住民に対して十分に説明していないと指摘した[16]。

　自治体の仕事への不慣れの他に、隊員が困っていたのが日本語であった。ひとつは、役場・役所での日本語である。隊員の多くが、職場の人は親切で優しいと語り、担当者との人間関係に悩みを抱えている隊員はいなかった。しかし、行政特有の用語や日本語のスピードに困っている隊員は多くいた。ある意味、日本人職員に対するように「普通」に話をされるという[17]。書き言葉としての日本語（報告書における）に苦労している隊員もいた。もちろん、わからなければ、日本籍職員は行政用語を解説してくれるし、聞き取れなければ、ゆっくりとわかりやすく話してくれるという。ただ、聞き直すことや報告書の日本語チェックに申し訳なさを感じる外国籍隊員もいた。日本人の同僚同士の会話は聞き取れないと感じる隊員もいた。もうひとつは方言である。高齢者とのコミュニケーションに苦労している外国籍隊員は多かった。特に赴任した当初はよく分からなかったという。彼らなりに周囲に聞く等対応していた。なお、自治体職員へのインタビューでは、方言に関する外国籍隊員へのサポートを、実際にはしているのかもしれないが、聞くことはなかった。

　都市部から移り住んだ隊員は、外国人に地域の人が慣れていないとも語った。飲み会の時に「あなたのことは好きではない」と言われることがあったという。田舎ほど付き合いが多いが、中に入るまでが難

しいし、相手と合わない時に噂が広がるのも早いと感じていた。

6. 両者にみる外国籍隊員増加の理由

　ここでは、外国籍隊員が増加傾向にある理由をまとめておく。自治体側が任用する理由は、4点指摘できる。まず、①日本社会のインバウンド需要や外国籍市民の増加への対応のためである。多くの外国人が観光客や地域住民として入国する現在、彼らへの対応はビジネスチャンス獲得や地域の安寧な暮らしの確保に不可欠で、そのうえで外国籍隊員は有益な存在になりつつある。次に②高度な外国語能力を持つ日本籍正規職員の少なさという行政側の構造的課題である。外国語にかなり堪能な日本籍人材の確保が、現在、地方の自治体の多くではできていない。そのような状況下で、外国語と日本語が話せる（日本語レベルには多少幅があるものの）外国人隊員は即戦力として貴重であった。そして、③地域おこし協力隊が終身雇用ではなく、3年任期という点である。社会変化や自治体の戦略によって地域おこし協力隊制度では、任用する外国籍隊員の出身国を変えることが可能であり、業務内容を柔軟に設定することができた。最後が最も大きな要因で、④地域おこし協力隊制度を政府は拡充しており、予算確保が容易である点である。

　他方、外国籍隊員がこの制度を利用する理由に2つある。一つ目は、便宜的に日本で生活するビザが得られる点である。日本に関心を持つ経緯は様々だが、いきなりの留学や企業勤務は難しい。その点、サイトを通じて容易に情報を得られる地域おこし協力隊制度は外国に居住する人も含め便利であった。また、日本語学校終了後の生活や企業からの転職を考える時、3年間という限定期間で「お試し」的に生活するためのビザ獲得はメリットがあった。二つ目は、その3年間が、今後の自身のライフデザインを考える踊り場・足がかり（定住化も視野）として便利という点である。既述したように結果的に起業する等して活動地域への定住を望む者も生まれていたが、最初から活動

地域に定住しようという隊員は、配偶者ビザがある隊員ひとりを除いていなかった。外国籍隊員にとって、この3年間は日本の経験値や日本語レベルの向上のひとつの機会であった。筆者が話を聞いた日本籍隊員は3年後の生活に悩む者も多かったが、外国籍隊員ではそのような悩みは聞かなかった。経験値を積むという点で、3年間は外国籍隊員にとっては短くはなかった。

このように見てくると、外国籍隊員の増加は、双方のメリットが合致したものと言えよう。予算措置がしやすく状況に応じてミッションや出身国を3年で変えることができる地域おこし協力隊制度は、自治体にとっても、3年間の勤務が保証され[18]、生業の確保と現地定住を第一としない、日本での経験値や日本語能力の向上を図りたい外国人にとっても使い勝手がよかった。

7. おわりに〜翻訳者としての可能性と今後の課題

最後に外国籍隊員の翻訳者としての可能性について考えてみたい。本書では翻訳をアクターが、他のアクターの関心や発想、そしてモノ等を結び付け、相互に巻き込んでいくこととし、レシピエントとドナーの狭間に立つ翻訳者とした。この点で見ると、外国籍隊員はレシピエント（例えば、技能実習生）とドナー（例えば、自治体）の狭間にたつ翻訳者である。加えて、外国籍隊員はレシピエントとレシピエントの間でも翻訳していた。例えば、観光分野のセッションでは、台湾側の観光業者や観光客と日本側の観光業者の間で通訳自体に加えて、彼らが入ることで対象国のニーズや状況をくみ取ったイベントやプロモーション活動、国内外国人対象のツアー実施、さらには対象国にアピールできる観光発信を担った。外からみた魅力の発見という点では、新たな観光資源を生み出してもいた。多文化共生のミッションにおいても、条件の悪い通勤状況を変えることは、自治体（ドナー）と技能実習生（レシピエント）、企業（レシピエント）を巻き込みながら達成（現実化）した事例と言えよう。

ミッションを越えて、自治体の思惑を越えて、新たな状況を作り出してもいた。例えば、外国籍隊員の存在は、その地域の国外への関心（出身国が中心であるが）を高め、子どもが外国に視野を向ける環境を生み出していた。観光情報発信を越えて、その地域が外国との交流活動を始める契機になっていた。技能実習生に方言のきつさを解説する、日本の労災制度について理解を深めさせる等、技能実習生の日本（現地）社会を理解する新たな状況を生み出していた。特定の開発が目標とされる開発の現場と異なって、これらは当初から意図された目標ではなかったが、ミッションを越えて、または外国籍隊員の存在自体から波及的に生み出された新たな状況であった。

このようにミッション内外で外国籍隊員は、自治体、地域の日本人住民、外国籍市民を巻き込みながら、新たな状況を生み出し、翻訳者の役割を果たしていた。だが、自治体をレシピエントとみた場合、その影響は限定的であった。確かに外国籍隊員の報告作業を見直した自治体もあった。ある自治体担当者は、既述したように職場の多文化化が進めば良いと述べていた。だが、このような事例は圧倒的に少ない。

日本人に対するように「普通」に外国籍隊員に話しかける職員の存在は指摘したが、そこから役所や役場全体が、自分たちの多文化共生社会への「構え」を検討する話はなかった。外国籍隊員は日本籍の隊員と同じように、役所・役場の仕事の進め方（流儀）に疑問を感じ、不便さを覚えていた。観光資源に関しては外からの目を意識していたが、「行政の業務を外から見てどう思うか」という視点はなかった。ここからは、行政側にドナーの意識はあっても、レシピエントの意識がないことがわかる。行政自体は、外国籍隊員と企業、外国人住民、日本人住民との関わりを、外から見る観察者の立場にしかいない。

上記を踏まえ、翻訳者としての外国籍隊員の翻訳の範囲をミッション型、地域大型、行政変革型の3つに類型化した（図1）。ミッション型とはそのミッションのなかで行われる翻訳である。交流活動イベントや国外でのプロモーションのアイデア等、出身国の文化の知識を

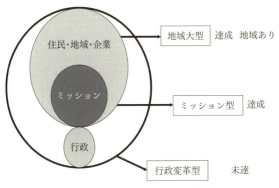

図1 外国籍隊員の翻訳の3類型

発揮して、翻訳が行われる。この点では、行政も、厳密に言えば、行政の担当部署がレシピエントとはなる。これはどの自治体でも何らかの形で達成されていた。

地域大型は、地域全体（もしくはその一部）を巻き込む形で行われる翻訳である。多文化共生の場合は、地域大型になることも多々ある。日本人住民と技能実習生の間を翻訳することはその典型であろう。また外国籍隊員を通じて、日本人住民が外国文化への構えを身につけ、外国人と暮らすことがどのようなものであるかを実感し、接し方や地域のあり方を考えることも、地域大型に該当する。観光のミッション型では、ミッション内部でほぼとどまっている自治体もあるが、多文化共生分野の隊員の場合、そもそも地域全体を視野に入れていることもあり、当該分野の外国籍隊員の存在や隊員数の増加は、地域大型の変化をもたらす可能性を十分に秘めている。

最後が行政変革型である。行政変革型は、行政が行うひとつひとつの事業（例えば、交流活動）の変革（ミッション型）を意味しない。職場の多文化化であり、行政の仕事の流儀の見直しや施策レベルでの検討を意味する。行政変革型は、今回の聞き取りでは十分に確認できなかったが、今後の日本の多文化共生施策を大きく変え、行政の多文化化の定着を促進する可能性を持つ。さらには多様性と包括性が公正

性のもと担保される豊かな日本社会の実現を可能にする。その影響が最終的に地域全体を、さらには日本文化のあり方も含めて広がるためである。

　このように見てくると、外国籍隊員の翻訳という事例からは、行政の特異な立ち位置が見えてくる。行政は施策を行う側であり、行われる側にはいない。このことは、外国籍隊員の、または外国籍市民の存在から、何かを受け取るレシピエントになる意識の醸成を難しくしているのかもしれない。開発の現場では、現地のニーズや状況を無視して行われた過去に学び、それらに応じて開発が行われるように変わった。開発の開始時点では、施策を実施するドナーと実施されるレシピエントというものはあったとしても、実際には各アクターが相互に関わり合うことで、最終的に明確に区分できない状況が生み出される。その点でいえば、ドナーは翻訳者のレシピエントにもなる。

　外国籍隊員を取り巻く現場において、企業、日本人住民、外国籍市民等が互いに関与し、情報を提供する側、受け取る側、それによって互いに変わるというドナーとレシピエントの境界の曖昧化はある。だが、行政本体はその循環の輪にいるのだろうか。外国籍隊員をめぐるこれまでの聞き取りを通じて、筆者が思い至った疑問で、今後の検討課題である。担当職員は外国籍隊員にみな親切であった。だが、その親切さを越えて、行政の多文化化を考える段階に来てはいないだろうか。

謝辞

　現地調査に協力いただいた行政担当者と外国籍隊員の方々に深く感謝いたします。本資料は、JSPS 21K18398I、県立広島大学地域基盤研究機構の支援を得て収集しました。御礼申し上げます。また日本文化人類学会第58回研究大会の「分科会　翻訳者としての外国籍・外国ルーツの行政職員：現場にみる期待・役割・課題」では、筆者の発表を含め分科会全体にコメンテータの渋谷努氏や横田祥子氏、さらに

はフロアから多くのコメントを頂戴しました。御礼申し上げます。

【注】

1) 外国語教育を論じたバイラムは、2つの文化に関係性をもたらし、異なる文化の間の仲介者となる能力を相互文化的能力（Intercultural Communicative Competence）とした（バイラム 2015）。翻訳者となるには相互文化的能力が求められるが、外国籍隊員の相互文化的能力については、改めて論じてみたい。

2) 総務省統計局によれば、2023年1月1日現在、外国人は日本の全人口の2.3%である。ただ、2070年には日本の総人口8,700万人のうち外国人が939万人の10.8%を占めるとされている（国土交通省国土政策局 日付不詳）。

3) 「多文化共生」という言葉の歴史や概念の問題点については山根（2017）に詳しい。

4) ALT、CIRともJETプログラムによるもので、当該プログラムには、この二つの職種以外にスポーツ国際交流員（通称SEA Sports Exchange Advisor）がある。今回、CIR一名にも話を聞いたが（本章では扱っていない）、業務的には地域おこし協力隊とあまり変わらない。ただ、業務が幅広く、国際交流イベント、通訳、観光情報発信、多文化共生が混在している感があった。ある自治体では、地域おこし協力隊（多文化共生分野）では応募がなかったので、CIRで新たに任用するということであった。

5) 筆者が管見する限り、地域おこし協力隊員として外国籍人材が任用されるかなり以前から、通訳等の業務を行う会計年度任用職員に外国籍市民はいた。なお、外国籍隊員は会計年度任用職員として雇用される。

6) 新型コロナウィルス感染症の流行をうけ、2年間の延長ができ、合計5年間働くことが可能な隊員も聞き取りではいた。

7) 資料に日付がないため、正確な日時は不明であるが、2022年度の事例はある一方で、2023年度の事例がないため、2022年度時点の事例と理解した。

8) この間、インドネシアは8,000人弱から約15,000人に、フィリピン人は10,000人弱から14,000人弱に、ミャンマーが1,800人弱から6,500人弱に増加した。

9) ベトナム人隊員を任用していたある自治体は、多文化共生のミッションで隊員を募集した理由を、技能実習生の管理団体が十分に機能していないことを理由に挙げていた。

10) 筆者の調査対象者の11名中1名が配偶者ビザであった。

11) 総務省の多文化共生推進プランに関する「令和5年4月1日現在の策定状況（総務省d日付不詳）」によれば、都道府県や指定都市では、全てが何らかの形でプランを作成しているが、指定都市を除く市では77%、町では33%、村では16%に過ぎない。人口が少ない基礎自治体では、多文化共生は優先順位が高いものではない。

12) 仮に外国語にかなり堪能な者がいても行政では担当は数年で変わる。

13) 筆者が聞き取った外国籍隊員では、唯一、東日本の自治体で観光に従事するベトナム人隊員は、気候があわないことから3年間たったら違う場所に移ると赴任して早い段階から考えていた。

14）うまく行かない場合は、企業で培った技術を活用し生活することも考えていた。

15）活動報告のみで可で、稟議書や起案は業務として課さない自治体もあった。これらの自治体文化への不慣れは、以前の日本籍隊員への聞き取り調査でも指摘された事項であり、外国籍隊員特有の問題ではない。

16）自宅のガスが壊れたので修理して欲しい等と様々なことを頼まれ、「自分たちが支払う税金で雇われているから、このくらい当然だ」とも言われたという。

17）もちろんわかりやすく話す日本人職員もいるし、そこを意識して話している職員もいた。しかし、外国籍隊員への聞き取りでは、そう気遣いしてくれると感じている者は少数であった。

18）CIR は、当事者と任用団体が一致した場合 3 年まで更新でき、特に優れていると認められた CIR は最大 5 年間働けるが、1 年ごとの任用である。なお、外国籍市民の雇用の安定化に資する財源として、出入国在留管理庁所管の外国人受入環境整備交付金があるが、現在の時点で自治体の聞き取りも含め、十分に検討できていない。筆者の今後の課題としたい。

【参考文献】

伊藤泰郎・崔博憲編著 2021『日本で働く──外国人労働者の視点から』松籟社

久保明教 2019『ブルーノ・ラトゥールの取説──アクターネットワーク論から存在様態探求へ』月曜社

バイラム，M. 2015（2008）『相互文化的能力を育む外国語教育──グローバル時代の市民性形成をめざして』細川英雄監修、山田悦子・古村由美子訳 大修館書店（Byram, M. *From Foreign Language Education to Education for Intercultural Citizenship: Essays and Reflections*. Multilingual Matters Ltd.）

国土交通省国土政策局 日付不詳「国土形成計画（全国計画）関連データ集」
https://www.mlit.go.jp/policy/shingikai/content/001611639.pdf（2024 年 5 月 2 日最終閲覧）

Lewis, D. & Moss, D. 2006. *Development Brokers and Translators: The Ethnography of Aid and Agencies*. Lynne Rienner

二階堂裕子 2022「外国人とともに創る自立的な農山村コミュニティの可能性──持続可能な人口減少社会をめざして─」『農業と経済』88（3）：45-54

NHK 取材班 2019『データでよみとく 外国人 "依存" ニッポン』光文社

芹澤健介 2018『コンビニ外国人』新潮社

出入国管理庁 a 日付不詳「【第 1 表】国籍・地域別 在留外国人数の推移」https://www.moj.go.jp/isa/content/001403955.pdf（2024 年 5 月 15 日最終閲覧）

出入国管理庁 b 日付不詳「出入国在留管理をめぐる近年の状況」https://www.moj.go.jp/isa/content/001335866.pdf（2024 年 6 月 1 日最終閲覧）

総務省 a 日付不詳「地域おこし協力隊」https://www.soumu.go.jp/main_sosiki/jichi_gyousei/c-gyousei/02gyosei08_03000066.html（2024 年 5 月 2 日最終閲覧）

総務省 b 日付不詳「地域おこし協力隊について」https://www.soumu.go.jp/main_content/000943944.pdf（2024 年 5 月 2 日最終閲覧）

総務省 c 日付不詳「外国人の地域おこし協力隊の事例」https://www.soumu.go.jp/main_content/000922823.pdf（2024 年 3 月 25 日最終閲覧）

総務省 d 日付不詳「令和 5 年 4 月 1 日現在の策定状況」https://www.soumu.go.jp/main_content/000887845.pdf（2024 年 4 月 1 日最終閲覧）

総務省地域力創造グループ地域自立応援課 2023「令和 4 年度地域おこし協力隊の隊員数等について」https://www.soumu.go.jp/main_content/000873869.pdf（2024 年 5 月 10 日最終閲覧）

山本訓弘 2017「地域おこし協力隊制度における外国人起用に関する考察」『グローバルビジネス学会 2017 年度研究発表会予稿集』1-3

山脇啓造 2019「外国人材活用の条件（下）多文化共生政策の推進を」3 月 14 日『日本経済新聞』朝刊

山根俊彦 2017「『多文化共生』という言葉の生成と意味の変容――『多文化共生』を問い直す手がかりとして」『常盤台人間文化論叢』3（1）：135-160

讀賣新聞 2024「地域おこし協力隊員に外国人を積極登用、国が財政支援…インバウンド期待で増加傾向」1 月 29 日 https://www.yomiuri.co.jp/politics/20240129-OYT1T50102/（2024 年 5 月 3 日最終閲覧）

おわりに

―外国籍・外国ルーツ行政職員の役割、課題、可能性―

　本書では、外国籍・外国ルーツの行政職員（以下、外国籍等の職員）が移民政策の実施にもたらす可能性およびそこに見られる課題を、自治体や行政機関での調査事例に即して探ることを試みた。各章で取り上げられた外国等の職員が雇用される部署や職種、そしてそれら職員の雇用形態は様々であった。また、各章の内容を見れば、記述や考察の焦点の置き方にも違いがあった。外国籍等の職員の雇用に関して、行政側の取り組みや視点に比重を置き紹介と考察を行った章もあれば（第1章、第2章、第3章）、それら職員の日々の実践を詳細に記述して考察した章や（第4章、第5章）、行政側と外国籍等の職員双方の取り組みや視点を取り上げて考察を行った章もあった（第6章）。

　ただ本書全体をとおしてみると、現在、地方自治体や行政機関、あるいは行政から委託を受けた機関において、様々な形で外国籍等の職員が移民政策の実施に携わっている現状が浮かび上がったことは確かである。第1章で紹介したアンケート調査の結果からは、外国籍住民人口比率の高い自治体において、行政サービスの通訳・翻訳を行ったり、外国籍住民の生活支援・相談対応をしたり、日本語指導が必要な児童生徒に日本語を教えたりする外国籍等の職員が雇用される傾向があることが明らかとなった。また各章の内容からは、地方自治体が、ときに既存の制度や補助金を利用して（第1章、第4章、第6章）、ときに新たな形での職員採用の枠組みや方式を導入して（第2章、第3章）、外国籍等の職員を採用している状況を窺うことができた。本書では、執筆者たちが特徴的な外国籍等の職員の採用をおこなっている自治体等に注目して調査を実施しており、こうした調査結

果から、自治体等の全体傾向を推し量ることはできない。ただ、外国籍住民人口比率が高まっている自治体において、あるいは地域産業の生き残りをかけて外国籍住民を積極的に受け入れようとしている自治体において、いろいろな採用方式で外国籍等の職員が雇用され、外国籍住民人口の増大に対応している状況があることは、本書の記述から見て取ることができるだろう。

　外国籍等の職員の役割、および仕事の内容に着目してみると、それら職員たちが、自らの生活経験を踏まえ、福祉、教育、医療、介護などの諸制度に関わる知識と社会関係資本を蓄積しながら、河本の言葉を借りれば「ハブ」となり、様々な問題を抱える外国ルーツの人々を行政の担当部署や諸制度へとつないでいることが、調査にもとづき報告された（序章、第1章、第4章、第5章）。またそれら職員が、地域に暮らす、外国ルーツの児童生徒にとってのロールモデルともなっていること（第2章）、職員たちが手掛ける地域住民を巻き込んだ形で開催されるイベントや講座、さらにそれら職員たちの存在自体が、地域住民が持つ、外国籍住民や外国に対する理解や意識を変えることがあることも指摘された（第3章、第6章）。これらの事例は、行政機関における外国籍・外国ルーツの人々の登用が、ニーズや実態により即した形での制度や政策の運用につながる可能性や、外国籍住民を含む地域住民の意識を変えていく可能性を示していると言える。さらに、各章の事例からは、日本の外国につながるコミュニティに、地域住民への支援に関心を持ち、日本の諸制度に関する知識の獲得にも意欲的な人々、あるいは行政機関で「翻訳者・媒介者」として力を発揮しうる「人財」（第3章）が少なからず存在することも見えてくる。

　移民政策の実施のプロセスに着目するならば、それぞれの章の記述は、多文化共生推進施策などの移民政策が、本書で取り上げられたアクターたちの種々の翻訳や媒介を通して、言い換えれば政策が実施される固有の文脈やアクターたちの諸実践の影響を受けながら、事前に予期することが難しい形で偶発性を伴いつつ現実化していく様相の描写ともなっていた。そこに、移民政策研究におけるエスノグラフィッ

クなアプローチの可能性を見て取ることもできるだろう。

　しかしながら、このように行政機関における外国籍等の職員の登用が持つ様々な可能性が見えてきた一方で、それら職員の雇用には色々な課題があることも各章で指摘された。第4章および序論で取り上げられた、非正規雇用の外国籍等の職員の給与や社会保険の有無など、待遇面での問題はその代表的なものである。また、スキルや知識、ネットワーク構築に要する時間を考慮すると、それら職員の安定的な長期雇用が求められること、さらに知識獲得にかかる時間の個人差も考慮すれば、諸制度の知識および橋渡しのスキルをより効果的に身に着けられるような職員への研修や、外国籍等の職員のこれまでの経験、および経験から得られた知見の共有が重要性を持つであろうことも指摘された（第5章）。さらに第6章の最後で提起された、外国籍等の職員の雇用が行政組織全体の変革にもつながりうるのかという問いは、今後に残された、調査および実践課題であると言える。

　序章でも述べたが、本書は、ごく限られた事例にもとづき、多文化共生推進施策などの立案・実施おける、外国籍等の職員の雇用が持つ可能性とそこに見られる課題を明るみに出すことを試みたものである。また執筆者のほとんどは、行政や行政組織について専門的に調査した経験を持っていない。そのような経緯で執筆された本書には、行政職員の雇用の記述に不十分な点があるかもしれない。また、ここで指摘されていない外国籍等の職員の雇用にまつわる課題も少なくないであろう。それでも類似の問題関心を持つ調査研究がほとんどなされていない状況において、外国籍等の職員が行政機関で果たしうる様々な役割を、そこに見られる課題とともに部分的にではあれ描き出した本書が、今後の施策や実践、研究に何らかの形でつながっていくことを私たちは願っている。

　本書が完成するまでには、実にたくさんの方にお世話になった。まず、何よりも、様々な現場で私たち執筆者の聞き取り調査に応じてくださった、行政職員の方々に御礼を申し上げたい。行政用語に通じて

おわりに　167

いない私たちの要領を得ない質問に、お忙しいなか、辛抱強く対応してくださったみなさんのご協力なしに、本書を完成させることはできなかった。また、年度末の多忙な時期に、アンケート調査に回答してくださった自治体のみなさまにも心よりの御礼を申し上げたい。

　本書のもととなった共同研究は、広島大学ダイバーシティ研究センターが主宰する、ひろしま多文化共生研究会での出会いがきっかけになっている。同研究会のメンバーである上水流、河本、長坂が、日本におけるフィリピン系住民の調査で知られる高畑と、当時、母語支援員の調査に着手していた本間に声掛けをして研究グループを組織し、2021年7月より共同研究を開始した。共同研究のきっかけを与えてくれた、広島大学ダイバーシティ研究センター長の大池真知子氏に感謝する。また、2023年末に本書の出版を検討した際、岡山県などで、地方における技能実習生の受け入れに関して継続的な調査研究を行ってきたノートルダム清心女子大学の二階堂裕子氏に出版企画への参加を打診した。突然の依頼にもかかわらず執筆をお引受け下さり、その後の研究会にも参加して下さった二階堂氏にお礼を申し上げる。

　ひろしま多文化共生研究会では、長坂と高畑が、共同研究のアイディアと初期の調査の結果について、2回発表する機会をいただいた。広島市近辺の大学関係者のみならず、自治体関係者も参加するこの研究会では、共同研究の方向性や、調査結果の解釈についてたくさんのコメントをいただいた。また、2024年6月の日本文化人類学会研究大会では、長坂と上水流が「翻訳者としての外国籍・外国ルーツの行政職員－現場に見る期待・役割・課題」と題する分科会を組織し、長坂、高畑、上水流、本間、二階堂が調査結果を報告した。コメンテーターとして分科会に参加していただいた中京大学の渋谷努氏、滋賀県立大学の横田祥子氏をはじめ、分科会参加者の方々から貴重な質問とコメントをいただいた。これらの研究発表の場で浮き彫りになった諸課題すべてに対応することはできなかったが、ご意見をいただいたみなさまには心よりの感謝を申し上げたい。第1章でその結果を報告した自治体への聞き取り調査では、広島大学大学院博士課程

後期の松田望氏に、調査記録の作成など重要なサポートを受けたこと、また、同章の統計分析について広島大学の白川俊之氏にアドバイスをいただいたこと、そして安芸高田市役所の原田和雄氏に序章と第1章、第6章の内容に貴重なコメントを頂いたことにも深く感謝したい。

　本書のもととなった共同研究は、日本学術振興会科学研究費の助成によって可能となった（挑戦的研究〔萌芽〕、課題番号21K18398）。また、本書の刊行は広島大学総合科学部の出版助成によって可能となった。共同研究と出版を可能にして下さった関係機関に深謝する。最後に、本書の企画から出版に至るまで、丸善出版の齊藤悠人氏に細やかなサポートを賜ったことに、執筆者を代表して厚くお礼を申し上げる。

　2024年12月

　　　　　　　　　　　　　　　　　　　　　　　長坂　格

執筆者一覧

長坂　格（ながさか　いたる）　担当：序章、第1章、おわりに
広島大学大学院人間社会科学研究科教授。専門は文化人類学、移住研究、フィリピン研究。1990年代より、フィリピンからイタリア、フランス、イギリス、日本への国際移住についてフィールドワークを行ってきた。著書に『国境を越えるフィリピン村人の民族誌』、共編著に Mobile Childhoods in Filipino Transnational Families など。

高畑　幸（たかはた　さち）　担当：第1章、第2章
静岡県立大学国際関係学部教授。専門は都市社会学、在日外国人研究（特にフィリピン人）。1990年代より、フィリピンから日本への人の移動をテーマにフィールドワークを行ってきた。著書に『在日フィリピン人社会——1980〜2020年代の結婚移民と日系人』、共編著に『社会再構築の挑戦——地域・多様性・未来』など。

二階堂　裕子（にかいどう　ゆうこ）　担当：第3章
ノートルダム清心女子大学文学部教授。専門は地域社会学、都市社会学、国際社会学。外国人技能実習生の受け入れ社会と送り出し社会（特にベトナム）の双方において調査研究を行なっている。著書に『民族関係と地域福祉の都市社会学』、共編著に『地方発　多文化共生のしくみづくり』など。

本間　桃里（ほんま　とうり） 担当：第 4 章
京都大学大学院人間・環境学研究科博士後期課程。専門は教育社会
学、移民研究。多様な教育現場を主なフィールドとし、教育システム
における移民の排除と包摂について検討してきた。論文に「非正規滞
在の子どもの公教育からの排除のメカニズム」、共著に『インクルー
シブな教育と社会――はじめて学ぶ人のための 15 章』など。

河本　尚枝（かわもと　なおえ） 担当：第 5 章
広島大学大学院人間社会科学研究科准教授。専門は福祉社会学、在日
外国人研究、移民研究。外国につながる人たちの福祉、労働問題につ
いて 1990 年代からフィールドワークしている。共著に『介護・家事
労働者の国際移動――エスニシティ・ジェンダー・ケア労働の交差』、
監修に『満州開拓あの時――証言集』など。

上水流　久彦（かみずる　ひさひこ） 担当：第 6 章
県立広島大学地域基盤研究機構教授。専門は文化人類学、地域文化
論。台湾や沖縄でフィールドワークを行う他、広島県内の中山間地域
でも調査を行ってきた。著書に『台湾漢民族のネットワーク構築の原
理――台湾の都市人類学的研究』、共編著に『境域の人類学――八重
山・対馬にみる「越境」』、共著に『越境者の人類学――家族誌・個人
誌からのアプローチ』など。

翻訳者・媒介者としての外国籍・外国ルーツの行政職員
現場にみる期待・役割・課題　　〈叢書インテグラーレ 023〉

令和 7 年 1 月 25 日　発　行

編　者　　広島大学総合科学部

編著者　　長　坂　　格

発行者　　池　田　和　博

発行所　丸善出版株式会社

〒101-0051 東京都千代田区神田神保町二丁目17番
編集：電話（03）3512-3264／FAX（03）3512-3272
営業：電話（03）3512-3256／FAX（03）3512-3270
https://www.maruzen-publishing.co.jp

©Hiroshima University, School of Integrated Arts and Sciences, 2025

組版印刷・精文堂印刷株式会社／製本・株式会社 松岳社

ISBN 978-4-621-31052-6　C1331　　　　　　　Printed in Japan

JCOPY　〈(一社) 出版者著作権管理機構 委託出版物〉
本書の無断複写は著作権法上での例外を除き禁じられています．複写
される場合は，そのつど事前に，(一社)出版者著作権管理機構（電話
03-5244-5088，FAX 03-5244-5089，e-mail: info@jcopy.or.jp）の許諾
を得てください．

叢書インテグラーレ創刊の辞

佐藤　正樹

科学は専門分野をもち、それを細分化し、細分化したものをさらに細分化させてきた。その傾向は今やますます顕著になっている。

他方、そうした細分化された研究を、あるいは融合させあるいは協同させる試みや、細分化された個々の研究分野のあいだに新しい研究分野を発見する「学際」研究への努力も続けられてきた。従来の研究手法では太刀打ちのできない現代の難問は、これらの真剣な努力がなければ、われわれの手をすり抜け生きのびてしまうであろう。

「総合科学」は狭義の専門研究体制にたいするアンチテーゼとして提案され、学部の呼称として選ばれてより三十年を閲した。これを契機として、個々の研究者の「総合」への努力と、異なる研究分野の協同の試みとを、できるだけ平易にご紹介するために「叢書インテグラーレ」を創刊する。ラテン語の「インテグラーレ integrare」は「修復する」「完全なものにする」「より大きな全体のなかに組みこむ」の意であり、学部の欧文名称にも用いられてきた。

ところで、異分野間の協同と研究分野の枠組の突破は、「教養」というエネルギーがなければ実現しないことである。教養の支えなしとしては協同も突破もありえない。異分野への強い思いは想像力によって運ばれるが、想像力をたんなる無秩序なエネルギーとしないためには、これを秩序づける「教養」の力がなくてはならない。教養は想像を秩序づけ、異分野を結び、「総合科学」を創造的なものに変えていく。

この意味において、本叢書は大学の教養教育などの場でもテクストとして使用できるよう工夫しているが、むしろそれ以上に、現代において「教養とは何か」「教養の意味とは何か」という切実な問いにたいする解答の試みであり、教養復権の書でもあると自負している。多くの読者にご覧いただき、ご批判をたまわれれば幸いである。

本叢書は、広島大学総合科学部創立三十周年を契機として創刊されるが、この学部はいわゆる専門教育だけでなく、広島大学における教養教育のほとんどを担ってきた。それゆえ、狭い研究分野の突破、異分野の協同という横軸はいうに及ばず、教養教育と専門教育と、さらには大学院教育とを連結、融合させるという縦軸においても、「総合科学」を実践してきた。その実践記録がこの叢書のもう一つのメッセージである。

われわれの提案が幸運にも広く迎えられ、「総合科学」への理解が深まり、これをあいことばとして多くの人が結ばれるのにこの叢書が役立つならば、叢書の目的は達成されたのである。